موسوعة

اختبر معلوماتك

في

الجغرافيا

إعداد
آمنة إبراهيم أبو حجر

دار أسامة للنشر والتوزيع
عمان - الأردن

الناشر

دار أسامة للنشر و التوزيع
الأردن - عمان
تلفاكس: ٤٦٤٧٤٤٧   ص. ب: ١٤١٧٨١
حقوق الطبع محفوظة للناشر
الطبعة الأولى
٢٠٠١م

رقم الإيداع لدى دائرة المكتبة الوطنية
(٢٠٠١/٤/٧٤٤)

٣٠٦

حجر   أبو حجر آمنة
موسوعة اختبر معلوماتك في الجغرافيا / آمنة أبو حجر . - عمان: دار أسامة ، ٢٠٠١
دار أسامة للنشر، ٢٠٠١.
(   ) ص.

ر.إ:٢٠٠١/٤/٧٤٤
الواصفات: / /الثقافة الجماهيرية/

* تم إعداد بيانات الفهرسة والتصنيف الأولية من قبل دائرة المكتبة الوطنية

مقدمة

هذه الموسوعة تكملة لمجموعة الموسوعات العلمية الهادفة والتي وجهت إلى شبابنا الناشئ والتي تمثلت في موسوعة العلوم والتاريخ واللغة العربية والثقافة الإسلامية إضافة إلى هذه الموسوعة الخاصة بالمعلومات الجغرافية .

وقد قسمنا هذه الموسوعة إلى أقسام كل قسم منها يعالج موضوعاً من موضوعات الجغرافية، فهناك العواصم، والأنهار ، والبحار، والجبال ، والجزر، وأسماء المدن القديمة، والمساحة، والعملة التي تستخدمها كل دولة، كما تحدثنا عن الدخل القومي للفرد في هذه الدول وتحدثنا أيضاً عن المضايق والمحيطات وكل ما يخص الناشئ الذي يسعى لتنمية ثروته ومعلوماته الجغرافية .

وقد اعتمدنا في تقديم المعلومات منهج طرح السؤال بإجابات ثلاث يكون من بينها الجواب الصحيح، حيث جعلنا للفتى أو الفتاة فرصة تشغيل عقله وفكره، لعله يصل بمطالعته وثقافته إلى الإجابة عن الأسئلة المطروحة.

والواقع أنه كان لنا هدفان من وراء هذه الموسوعة الخاصة بالناشئين.

الهدف الأول : يتمثل في زيادة معرفة الشباب بجغرافية العالم وعلومه المتنوعة والمتعددة أي زيادة ثقافية في هذا الموضوع .

الهدف الثاني : دفع هؤلاء الناشئين الى المطالعة وحثهم على الاستزادة من معين الكتب بعد أن شعرنا أن هناك عزوفاً من هذا الجيل عن الكتاب بشكل عام .

كما أننا نريد أن نقول بأننا قدمنا هذه الموسوعة وغيرها من الموسوعات المشابهة لها في ثوب جميل يحث قارئها على الاهتمام بما جاء بها، ولا يتركها إلا بعد أن ينتهي من أخذ المعلومات منها .

وكما نعلم بأن المعلومات الجغرافية تحتاج إلى دقة متناهية حيث أنها تعتمد بشكل عام على الأرقام والأعداد ولهذا فقد توخينا الدقة والتروي ونحن نقدم المعلومة، حيث نتأكد من صحتها من خلال المراجع الخاصة بكل دولة .

وفي نهاية حديثنا نسأل الله تعالى أن نكون قد وفقنا في طرح معلوماتنا ونكون قد حققنا الهدف الذي نريده من وراء موضوع هذه الموسوعة وغيرها من الموسوعات.

و الله من وراء القصد

المؤلفه

آمنه أبو حجر

عواصم

س ما عاصمة بنما ؟

١) كيتو

٢) ليما

٣) بنما

جـ . العاصمة بنما .

س ما عاصمة تشيلي ؟

١) سنتياغو

٢) سانتو دومنيكو

٣) روسيو

جـ عاصمتها سنتياغو .

س ما عاصمة فنزويلا ؟

١) هافانا

٢) سان خوزية

٣) كاراكاس

جـ . عاصمتها كاراكاس .

س ما عاصمة كولومبيا ؟

١) مناغوا

٢) بوغوتا

٣) بيونس أيرس

جـ . عاصمتها بيونس أيرس

س ما عاصمة كومنولث استراليا؟

١) سدني

٢) كانبيرا

٣) وكنغتون

جـ . عاصمتها كانبيرا .

س ما عاصمة توفالو؟

١)   فونافوتي

٢)   أبيا

٣)   سوفا

جـ عاصمتها فونافوتي.

س ما عاصمة هندوراس ؟

١)   يارين

٢)   تيغوسيفالبا

٣)   هونيارا

جـ عاصمتها تيفوسيفالبا.

س ما عاصمة الأرجنتين؟

١)   كيتو

٢)   باستيري

٣)   بيونس ايرس

جـ عاصمتها بيونس ايرس

س ما عاصمة هايتي؟

١)   بورت اوبرتس

٢)   مناغوا

٣)   غواتيمالا

جـ عاصمتها بورت اوبرنس .

س ما عاصمة الإكوادور ؟

١)   سانت جونز

٢)   كيتو

٣)   اسنيسون

جـ عاصمتها كيتو .

س ما عاصمة إرغواي ؟

١) بريدجتاوى

٢) بلموبان

٣) منتيغيديو

جـ عاصمتها منتفيديو

س ما عاصمة انتيغوا وباربودا ؟

١) سانت جونز

٢) برازيليا

٣) سان خوزيه

جـ عاصمتها سانت جونز .

س. ما عاصمة بارغواي

١) بيونس ايرس

٢) اسنسيون

٣) كيما

جـ عاصمتها أسنسيون .

س ما عاصمة جمهورية البرازيل الاتحادية؟

١) روسيو

٢) برازيليا

٣) بريدجتان

جـ عاصمتها برازيليا .

س ما عاصمة بربادوس ؟

١) ناساو

٢) سوكو لاباز

٣) بريد جتاون

جـ عاصمتها بريد جتاون .

س ما عاصمة كومنولث البهاما ؟

(١)   ناساو

(٢)   ليما

(٣)   كيتو

جـ عاصمتها ناساو .

س ما عاصمة بليز ؟

(١)   بلموبان

(٢)   سان جوزيه

(٣)   روسيو

جـ . عاصمتها بلموبان .

س ما عاصمة بوليفيا ؟

(١)   جورجتاون

(٢)   سان سلفادور

(٣)   سوكر - لاباز

جـ عاصمتها سوكر - لاباز .

س ما عاصمة البيرو ؟

(١)   كاستريز

(٢)   ليما

(٣)   سنتاغو

جـ عاصمتها ليما .

س ما عاصمة ترينداد وتوباغو ؟

(١)   بورت أف سبين

(٢)   كنغزتون

(٣)   روسيو

جـ عاصمتها أف سبين .

س ما عاصمة جامايكا ؟

١) سانتودومينغو

٢) باستيري

٣) كنغزتون

جـ عاصمتها كنغزتون.

س ما عاصمة كومنولث دومينيكا؟

١) روسيو

٢) لاباز

٣) كنجزتاون

جـ عاصمتها روسيو .

س ما عاصمة سانت لوسيا؟

١) كاستريز

٢) باراماريبو

٣) هافانا

جـ عاصمتها كاستريز .

س ما عاصمة جمهورية سورينام ؟

١) باراماريبو

٢) سانت جورجز

٣) غاتيمالا

جـ عاصمتها باراماريبو.

س ما عاصمة دولة ساموا الغربية المستقلة ؟

١) ولنغتون

٢) أبيا

٣) يارين

جـ عاصمتها أبيا .

س ما عاصمة جمهورية فيجي ؟

١) سوفا

٢) بايريكي

٣) بالكير

جـ عاصمتها سوفا .

س ما عاصمة جمهورية ناورو ؟

١) ولنغتون

٢) يارين

٣) دالاب

جـ عاصمتها يارين .

س ما عاصمة جزر سولومون؟

١) أبيا

٢) هونيارا

٣) بورت فيلا

جـ عاصمتها هونيارا .

س ما عاصمة نيوزيلندا ؟

١) نوكوالوفا

٢) ولنغتون

٣) سوفا

جـ عاصمتها ولنغتون .

س ما عاصمة جمهورية البوسنة والهرسك ؟

١) وارسو

٢) براغ

٣) سراييفوا

جـ عاصمتها سراييفوا .

س ما عاصمة مملكة السويد ؟

١) لوكسمبورغ

٢) هلسنكي

٣) ستوكهولم

جـ عاصمتها ستوكهولم .

س ما عاصمة مقدونيا ؟

١) فادور

٢) سكوبي

٣) أوسلو

جـ عاصمتها سكوبي .

س ما عاصمة جمهورية هنغاريا؟

١) بودابست

٢) امستردام

٣) اثينا

جـ عاصمتها بودابست .

س ما عاصمة دوقية لوكسمبورغ الكبرى؟

١) لوكسمبورغ

٢) فلنيوس

٣) فادور

جـ لوكسمبورغ .

س ما عاصمة مملكة هولندا ؟

١) بلغراد

٢) امستردام

٣) أوسلو

جـ . عاصمتها امستردام .

س ما عاصمة جمهورية أوكرانيا ؟

١) كييف

٢) دبلن

٣) وارسو

جـ . عاصمتها كييف.

س ما عاصمة جمهورية ألمانيا؟

١) برلين

٢) بون

٣) لندن

جـ .عاصمتها برلين .

س ما عاصمة ألبانيا ؟

١) دبلن

٢) بون

٣) تيرانا

جـ عاصمتها تيرانا .

س ما عاصمة استونيا ؟

١) تالين

٢) ستالين

٣) مدريد

جـ عاصمتها تالين.

س ما عاصمة اسبانيا ؟

١) روما

٢) وارسو

٣) مدريد

جـ عاصمتها مدريد .

س ما عاصمة إمارة أندورا؟

١) اندورا لافيلا

٢) كييف

٣) لشبونه

جـ عاصمتها أندورا لافيلا .

س ما عاصمة ايرلندا ؟

١) روما

٢) لندن

٣) دبلن

جـ عاصمتها دبلن.

س ما عاصمة كوستاريكا ؟

١) سان جوان

٢) سان خوزيه

٣) سانت جورجز

جـ عاصمتها سان خوزيه .

س. ما عاصمة الولايات المتحدة المكسيكية ؟

١) واشنطن

٢) مكسيكو ستي

٣) بوغوتا

جـ عاصمتها مكسيكو ستي.

س ما عاصمة جمهورية نيكاراغوا؟

١) مناغوا

٢) بوغوتا

٣) هافانا

جـ عاصمتها مناغوا .

س ما عاصمة جمهورية جزر المارشال ؟

١) يارين

٢) بالكير

٣) دالاب

جـ عاصمتها دالاب .

س ما عاصمة اتحاد الولايات الميكرونيزيه ؟

١) سوفا

٢) بالكير

٣) هونيارا

جـ عاصمتها بالكير .

س ما عاصمة جمهورية اذربيجان ؟

١) ريفا

٢) زاغرب

٣) باكو

جـ . عاصمتها باكو .

س ما عاصمة جمهورية أرمينيا

١) يريفان

٢) كييف

٣) منسك

جـ عاصمتها يريفان .

س ما عاصمة المملكة الأردنية الهاشمية ؟

١) السلط

٢) الزرقاء

٣) عمّان

جــ عاصمتها عمّان .

س ما عاصمة جمهورية أفغانستان الديمقراطية؟

١) كابل

٢) كابول

٣) بانكوك

جــ عاصمتها كابل.

س ما عاصمة الإمارات العربية المتحدة ؟

١) رأس الخيمة

٢) دبي

٣) أبو ظبي

جــ عاصمتها أبو ظبي .

س ما عاصمة جمهورية أندونيسيا

١) طشقند

٢) دكا

٣) جاكارتا

جــ عاصمتها جاكارتا

س ما عاصمة جمهورية أوزبكستان ؟

١) انقره

٢) كولومبو

٣) طشقند

جــ . عاصمتها طشقند .

س ما عاصمة جمهورية إيران الإسلامية ؟

١) دكا

٢) طهران

٣) اسلام أباد

جـ عاصمتها طهران .

س ما عاصمة دولة بابوا نيوغينيا؟

١) بنوم بنه

٢) بورت مورسبي

٣) سيول

جـ عاصمتها بورت مورسيبي .

س ما عاصمة دولة الباكستان الإسلامية ؟

١) دكا

٢) اسلام أباد

٣) روالبندي

جـ عاصمتها إسلام أباد .

س ما عاصمة دولة البحرين ؟

١) الكويت

٢) المنامة

٣) المحرق

جـ عاصمتها المنامة .

س ما عاصمة سلطنة بروناي ؟

١) دار السلام

٢) بندر سري بجاوان

٣) عشق أباد

جـ عاصمتها بندر سري بجاوان .

س ما عاصمة جمهورية بنغلادش الشعبية ؟

١) إسلام أباد

٢) اللـه آباد

٣) دكا

جـ عاصمتها دكا .

س ما عاصمة مملكة بوتان ؟

١) سنغافورة

٢) تيمفو

٣) تايبه

جـ عاصمتها تيمفو .

س ما عاصمة مملكة تايلند ؟

١) طشقند

٢) بانكوك

٣) بنوم بنه

جـ عاصمتها بانكوك .

س ما عاصمة الجمهورية التركية ؟

١) اسطنبول

٢) أنقره

٣) أنطاكيا

جـ عاصمتها أنقره .

س ما عاصمة الجمهورية الروسية ؟

١) منسك

٢) كييف

٣) موسكو

جـ عاصمتها موسكو .

س ما عاصمة جمهورية سيري لانكا الديمقراطية الشعبية ؟

١) كولالمبور

٢) سنغافوره

٣) ألما أتا

جـ عاصمتها كولالمبور .

س ما عاصمة المملكة العربية السعودية؟

(١) الدمام

(٢) جده

(٣) الرياض

جـ عاصمتها الرياض.

س ما عاصمة جمهورية سنغافوره ؟

(١) بانكوك

(٢) سنغافوره

(٣) تايبه

جـ عاصمتها سنغافوره .

س ما عاصمة الجمهورية العربية السورية؟

(١) دمشق

(٢) حلب

(٣) حمص

جـ عاصمتها دمشق.

س ما عاصمة جمهورية الصين (تايوان) ؟

(١) شنغهاي

(٢) مانيلا

(٣) تايبه

جـ عاصمتها تايبه .

س ما عاصمة جمهورية الصين الشعبية ؟

(١) هانوي

(٢) سيؤل

(٣) بكين

جـ عاصمتها بكين .

س ما عاصمة جمهورية طاجكستان ؟

١)   طشقند

٢)   دوشمبيه

٣)   مالي

جـ عاصمتها دوشمبيه .

س ما عاصمة جمهورية العراق ؟

١)   الموصل

٢)   البصرة

٣)   بغداد

جـ عاصمتها بغداد .

س ما عاصمة عُمان ؟

١)   مسقط

٢)   البريمي

٣)   صحار

جـ عاصمتها مسقط ؟

س ما عاصمة جمهورية الفلبين ؟

١)   بانكوك

٢)   مانيلا

٣)   جاكرتا

جـ عاصمتها مانيلا .

س ما عاصمة فلسطين ؟

١)   تل أبيب

٢)   يافا

٣)   القدس

جـ عاصمتها القدس .

س ما عاصمة جمهورية فيتنام الاشتراكية ؟

١) ألما آتا

٢) هانوي

٣) طوكيو

جـ عاصمتها هانوي

س ما عاصمة دولة قطر ؟

١) المنامة

٢) الدوحة

٣) الشارقة

جـ عاصمتها الدوحة .

س ما عاصمة جمهورية كازاخستان ؟

١) تايبه

٢) مانيلا

٣) آلماأتْا

جـ عاصمتها آلماأتْا.

س ما عاصمة جمهورية كمبوديا ؟

١) سيؤل

٢) فينتيان

٣) بنوم نبه

جـ عاصمتها بنوم بنه .

س ما عاصمة جمهورية كوريا الجنوبية ؟

١) بشيك

٢) سيؤل

٣) هانوي

جـ عاصمتها سيؤل .

س ما عاصمة جمهورية كوريا الديمقراطية الشعبية ؟

١)   هانوي

٢)   بيونغ يانغ

٣)   سنغافوره

جـ عاصمتها بيونغ يانغ .

س ما عاصمة دولة الكويت ؟

١)   الأحمدي

٢)   حولي

٣)   الكويت

جـ عاصمتها الكويت .

س ما عاصمة جمهورية قيرغيزستان ؟

١)   اولان باتور

٢)   بشكيك

٣)   يانغون

جـ عاصمتها بشكيك .

س ما عاصمة جمهوري لاوس الديمقراطية الشعبية .

١)   فينتيان

٢)   كاتمندو

٣)   كولومبو

جـ عاصمتها فينتيان .

س ما عاصمة ايسلنده ؟

١)   ريكافيك

٢)   صوفيا

٣)   وارسو

جـ عاصمتها ريكيافيك .

س ما عاصمة إيطاليا ؟

١) روما

٢) بون

٣) برلين

جـ عاصمتها روما .

س ما عاصمة البرتغال ؟

١) وارسو

٢) مدريد

٣) لشبونه

جـ عاصمتها لشبونه .

س ما عاصمة المملكة المتحدة البريطانية العظمى وشمال إيرلندا ؟

١) بون

٢) لندن

٣) وارسو

جـ عاصمتها لندن .

س ما عاصمة مملكة بلجيكا ؟

١) امستردام

٢) سان مارينو

٣) بروكسل

جـ عاصمتها بروكسل .

س ما عاصمة جمهورية بلغاريا ؟

١) صوفيا

٢) بوخارست

٣) بواديست

جـ عاصمتها صوفيا .

س ما عاصمة جمهورية بولندا ؟

١) براغ

٢) بلغراد

٣) وارسو

جـ عاصمتها وارسو .

س ما عاصمة جمهورية التشيك ؟

١) كوبنهاجن

٢) منسك

٣) براغ

جـ عاصمتها براغ .

س ما عاصمة جمهورية جورجيا ؟

١) منسك

٢) تبيليسي

٣) بوخارست

جـ عاصمتها تبيليسي .

س ما عاصمة مملكة الدنمارك ؟

١) روما

٢) وارسو

٣) كوبنهاجن

جـ . عاصمتها كوبنهاجن .

س ما عاصمة جمهورية روسيا البيضاء (بيلا روسيا)؟

١) سان مارينو

٢) موسكو

٣) مينسك

جـ عاصمتها مينسك ؟

س ما عاصمة جمهورية رومانيا ؟

(١)   بوخارست

(٢)   ستوكهولم

(٣)   وارسو

جـ عاصمتها بوخارست .

س ما عاصمة جمهورية سان مارينو ؟

(١)   سان مارينو

(٢)   باريس

(٣)   لندن

جـ عاصمتها سان مارينو .

س ما عاصمة جمهورية سلوفاكيا ؟

(١)   موسكو

(٢)   براتسلافا

(٣)   ريغا

جـ عاصمتها براتسلافيا .

س ما عاصمة الاتحاد السويسري ؟

(١)   بيرن

(٢)   هلسنكي

(٣)   بواديست

جـ عاصمتها بيرن .

س ما عاصمة دولة مدينة الفاتيكان ؟

(١)   روما

(٢)   لندن

(٣)   الفاتيكان

جـ عاصمتها الفاتيكان .

س ما عاصمة جمهورية فرنسا ؟

١) بون

٢) باريس

٣) لندن

جـ عاصمتها باريس .

س ما عاصمة جمهورية فنلنده ؟

١) هلسنكي

٢) فيينا

٣) أوسلو

جـ عاصمتها هلسنكي .

س ما عاصمة جمهورية قبرص ؟

١) ريغا

٢) زاغرب

٣) نيوقوسيا

جـ عاصمتها نيقوسيا .

س ما عاصمة كرواتيا ؟

١) زاغرب

٢) فادوز

٣) فاليتا

جـ عاصمتها زاغرب .

س ما عاصمة جمهورية لاتفيا ؟

١) لوكسمبورغ

٢) ريغا

٣) فادوز

جـ عاصمتها ريغا .

س ما عاصمة جمهورية سلوفينيا؟

١) مينسك

٢) براتسلافا

٣) لوبليانا

جـ عاصمتها لوبليانا .

س ما عاصمة دوقية لوكسمبورغ الكبرى؟

١) فاليتا

٢) لوكسمبورغ

٣) وارسو

جـ عاصمتها لوكسمبورغ .

س ما عاصمة جمهورية لتوانيا؟

١) فلنيوس

٢) سكوبي

٣) أوسلو

جـ عاصمتها فلينوس .

س ما عاصمة امارة ليشتنشتاين ؟

١) وارسو

٢) فادوز

٣) فيينا

جـ عاصمتها فادوز .

س ما عاصمة جمهورية مالطا ؟

١) فاليتا

٢) ريغا

٣) منسك

جـ عاصمتها فاليتا .

س ما عاصمة جمهورية مولدافيا ؟

١)   لوكسمبورغ

٢)   سكوبي

٣)   كيشنوف

جـ عاصمتها كيشنوف .

س ما عاصمة إمارة موناكو؟

١)   موناكوفيلا

٢)   بودابست

٣)   بلغراد

جـ عاصمتها موناكوفيلا .

س ما عاصمة مملكة النرويج؟

١)   أوسلو

٢)   وارسلو

٣)   امستردام

جـ عاصمتها أوسلو .

س ما عاصمة جمهورية النمسا ؟

١)   بيرن

٢)   بون

٣)   فيينا

جـ عاصمتها فيينا .

س ما عاصمة اتحاد جمهورية يوغسلافيا والجبل الأسود (مونتنجرو) ؟

١)   تيتوغراد

٢)   بلغراد

٣)   كيشوف

جـ عاصمتها تيتوغراد .

س ما عاصمة صربيا ؟

١) ريغا

٢) زاغرب

٣) بلغراد

جـ عاصمتها بلغراد .

س ما عاصمة كوزوفو ؟

١) نوفي ساد

٢) بريشينا

٣) أوسلو

جـ عاصمتها بريشينا .

س ما عاصمة جمهورية اليونان ؟

١) مدريد

٢) برلين

٣) أثينا

جـ عاصمتها أثينا .

س ما عاصمة الولايات المتحدة الأمريكية ؟

١) واشنطن د. س.

٢) شيكاغو

٣) نيويورك

جـ عاصمتها واشنطن د. س .

س ما عاصمة كندا ؟

١) مونتريال

٢) أوتاوا

٣) سان بول

جـ . عاصمتها أوتاوا .

س ما عاصمة جمهورية الدومينيكان ؟

١)   سانتو دومينغو

٢)   غواتيمالا

٣)   سان خوزيه

جـ عاصمتها سانتو دومينغو .

س ما عاصمة اتحاد سانت كريستوفر (سانت كيتس) ونيفس؟

١)   روسيو

٢)   باستيري

٣)   بوغوتا

جـ عاصمتها باستيري .

س ما عاصمة جمهورية السلفادور ؟

١)   سان جوزيه

٢)   سان جوان

٣)   سان سلفادور

جـ عاصمتها سان سلفادور .

س ما عاصمة دولة غرينادا ؟

١)   جوان

٢)   مناغو

٣)   سانت جورجز

جـ عاصمتها سانت جورجز .

س ما عاصمة جمهورية غواتيمالا ؟

١)   ليما

٢)   غواتيمالا

٣)   ناساو

جـ عاصمتها غواتيمالا .

س ما عاصمة جمهورية كوبا ؟

١)   هافانا

٢)   بنما

٣)   كيتو

جـ عاصمتها هافانا .

س ما عاصمة الجمهورية التونسية ؟

١)   القيروان

٢)   الفسطاط

٣)   تونس

جـ عاصمتها تونس .

س ما عاصمة الجمهورية الجزائرية الديمقراطية الشعبية؟

١)   تلمسان

٢)   الجزائر

٣)   وهران

جـ عاصمتها الجزائر .

س ما عاصمة جمهورية جنوب أفريقيا التشريعية ؟

١)   بريتوريا

٢)   كيب تاون

٣)   برتيسوريا

جـ عاصمتها التشريعية كيب تاون والعاصمة الإدارية بريتوريا .

س ما عاصمة جنوب أفريقيا ؟

١)   جيبوتي

٢)   هراري

٣)   مباباتي

جـ عاصمتها جيبوتي .

س ما عاصمة جمهورية راوندا؟

١) ليبرفيل

٢) كيغالي

٣) كوناكري

جـ عاصمتها كيغالي .

س ما عاصمة جمهورية زائير ؟

١) بيساو

٢) كنشاسا

٣) بانجل

جـ عاصمتها كنشاسا .

س ما عاصمة زامبيا ؟

١) لوساكا

٢) فريتاون

٣) نيروبي

جـ عاصمتها لوساكا .

س ما عاصمة زيمباوي ؟

١) لومي

٢) هراري

٣) كنشاسا

جـ عاصمتها هراري .

س ما عاصمة جمهورية ساحل العاج؟

١) كيغالي

٢) فريتاون

٣) ياموسوكرو

جـ عاصمتها ياموسوكرو .

س ما عاصمة ساوتومي وبرنسيب الديمقراطية ؟

١) فكتوريا

٢) ساوتومي

٣) دار السلام

جـ عاصمتها ساوتومي .

س ما عاصمة جمهورية السنغال؟

١) كمبالا

٢) داكار

٣) مقديشو

جـ عاصمتها داكار .

س ما عاصمة مملكة سوازيلاند؟

١) مباباني

٢) هراري

٣) دودوما

جـ عاصمتها مباباني

س ما عاصمة جمهورية السودان ؟

١) الخرطوم

٢) ماسيرو

٣) باموكو

جـ عاصمتها الخرطوم .

س ما عاصمة سيراليون؟

١) فريتاون

٢) مالابو

٣) بيساو

جـ عاصمتها فريتاون

س ما عاصمة جمهورية سيشل؟

(١)   برايا

(٢)   ياوندي

(٣)   فيكتوريا

جـ عاصمتها فيكتوريا .

س ما عاصمة جمهورية الصومال الديمقراطية ؟

(١)   بانجل

(٢)   مقديشو

(٣)   أكرا

جـ عاصمتها مقديشو .

س ما عاصمة جمهورية الغابون ؟

(١)   ليبرفيل

(٢)   برازافيل

(٣)   برايا

جـ عاصمتها ليبرفيل .

س ما عاصمة جمهورية غامبيا؟

(١)   نيروبي

(٢)   بانجل

(٣)   ياوندي

جـ عاصمتها بانجل

س ما عاصمة جمهورية غانا

(١)   ماسيرو

(٢)   برايا

(٣)   أكرا

جـ عاصمتها أكرا .

س ما عاصمة جمهورية غينيا ؟

١)   كوناكري

٢)   موروني

٣)   ياوندي

جـ عاصمتها كوناكري .

س ما عاصمة جمهورية غينيا الاستوائية ؟

١)   برازافيل

٢)   مالابو

٣)   ماسيرو

جـ عاصمتها مالابو .

س ما عاصمة الجمهورية اللبنانية؟

١)   طرابلس

٢)   صيدا

٣)   بيروت

جـ عاصمتها بيروت.

س ما عاصمة جمهورية المالديف ؟

١)   مانيلا

٢)   بكين

٣)   ماليه

جـ عاصمتها ماليه .

س ما عاصمة اتحاد ماليزيا ؟

١)   سيؤل

٢)   كوالالمبور

٣)   هانوي

جـ عاصمتها كوالالمبور .

س ما عاصمة جمهورية منغوليا ؟

١)   كولومبو

٢)   دوشمبيه

٣)   أولان باتور

جـ عاصمتها أولان باتور .

س ما عاصمة اتحاد ميانمار (بورما)؟

١)   دكا

٢)   يانغسون

٣)   ماندالاي

جـ عاصمتها يانغسون .

س ما عاصمة مملكة نيبال؟

١)   كاتمندو

٢)   ماليه

٣)   بنوم بنه

جـ عاصمتها كاتمندو .

س ما عاصمة جمهورية الهند ؟

١)   اسلام أباد

٢)   نيودلهي

٣)   دكا

جـ عاصمتها نيودلهي .

س ما عاصمة اليابان ؟

١)   شنغهاي

٢)   هوكايدو

٣)   طوكيو

جـ عاصمتها طوكيو .

س ما عاصمة الجمهورية اليمنية ؟

١) عدن

٢) صنعاء

٣) تعز

جـ عاصمتها صنعاء .

س ما عاصمة جمهورية أثيوبيا ؟

١) أسمره

٢) لواندا

٣) أديس أبابا

جـ عاصمتها أديس أبابا .

س ما عاصمة جمهورية أرتيريا ؟

١) أسمره

٢) أكرا

٣) نيروبي

جـ عاصمتها أسمره .

س ما عاصمة جمهورية أفريقيا الوسطى ؟

١) بانغوي

٢) هانوي

٣) مانيلا

جـ عاصمتها بانغوي .

س ما عاصمة أنغولا ؟

١) مابوتي

٢) لواندا

٣) أبوجا

جـ عاصمتها لواندا .

س ما عاصمة جمهورية أوغندا؟

١) لومي

٢) كمبالا

٣) جيبوتي

جـ عاصمتها كمبالا .

س ما عاصمة بتسوانا؟

١) غابورن

٢) إنجامينا

٣) كيب تاون

جـ عاصمتها غابورون .

س ما عاصمة بنين الشعبية ؟

١) كنشاسا

٢) بورتونوفو

٣) لوساكا

جـ عاصمتها بورتونوفو .

س ما عاصمة جمهورية بوركينا فاسو الديمقراطية الشعبية ؟

١) اواغادوغو

٢) كيفالي

٣) برازافيل

جـ عاصمتها أوغادوغو.

س ما عاصمة جمهورية بوروندي ؟

١) مالابور

٢) بوجومبورا

٣) موروني

جـ عاصمتها بوجومبورا .

س ما عاصمة جمهورية تشاد ؟

١)   أكر

٢)   كوناثري

٣)   إنجامينا

جـ عاصمتها إنجامينا .

س ما عاصمة جمهورية تنزانيا المتحدة ؟

١)   دار السلام

٢)   هراري

٣)   لوساكا

جـ عاصمتها دار السلام .

س ما عاصمة توغو؟

١)   لومي

٢)   ساوتومي

٣)   داكار

جـ عاصمتها لومي .

س ما عاصمة جمهورية غينيا بيساو ؟

١)   بيساو

٢)   باموكو

٣)   بورت لويس

جـ عاصمتها بيساو .

س ما عاصمة جمهورية اتحاد جزر القمر ؟

١)   بانجل

٢)   موردني

٣)   فكتوريا

جـ عاصمتها موروني .

س ما عاصمة جمهورية الكاميرون .

١) ياوندي

٢) ليلونغوي

٣) مابوتو

جـ عاصمتها ياوندي.

س ما عاصمة جمهورية الكونغو ؟

١) كنشاسا

٢) برازافيل

٣) مالابو

جـ عاصمتها برازافيل.

س ما عاصمة جمهورية كيب فرد؟

١) برايا

٢) نيامي

٣) أبوجا

جـ عاصمتها برايا.

س ما عاصمة جمهورية كينيا؟

١) نيروبي

٢) كوناكري

٣) مقديشو

جـ عاصمتها نيروبي .

س ما عاصمة الجمهورية العربية الليبية الإشتراكية ؟

١) طرابلس

٢) بنغازي

٣) برقة

جـ عاصمتها طرابلس .

س ما عاصمة ليبيريا ؟

١) مونروفيا

٢) مابوتو

٣) وندهوك

جـ عاصمتها مونروفيا .

س ما عاصمة مملكة ليستو؟

١) كيغالي

٢) نيامي

٣) ماسيرو

جـ عاصمتها ماسيرو .

س ما عاصمة جمهورية مالاوي ؟

١) ليلونغوي

٢) ياوندي

٣) فريتاون

جـ عاصمتها ليلونغوي.

س ما عاصمة جمهورية مالي ؟

١) بانجل

٢) باماكو

٣) كوناكري

جـ عاصمتها باماكو .

س ما عاصمة جمهورية مدغشقر الديمقراطية ؟

١) انتاناناتا ريغو

٢) مالابو

٣) نيروبي

جـ عاصمتها انتانا ناريفو .

س ما عاصمة جمهورية مصر العربية ؟

١) الإسكندرية

٢) بور سعيد

٣) القاهرة

جـ عاصمتها القاهرة .

س ما عاصمة المملكة المغربية .

١) الرباط

٢) الدار البيضاء

٣) طنجه

جـ عاصمتها الرباط .

س ما عاصمة الجمهورية العربية الافريقية الموريتانية ؟

١) أكرا

٢) نواكشوط

٣) دكار

جـ عاصمتها نواكشوط .

س ما عاصمتها دول موريشيوس ؟

١) بورت لويس

٢) ليلونغوي

٣) ماسيرو

جـ عاصمتها بورت لويس .

س ما عاصمة جمهورية موزامبيق؟

١) مابوتو

٢) بيساو

٣) موروني

جـ عاصمتها مابوتو .

س ما عاصمة جمهورية ناميبيا ؟

١) نيروبي

٢) باموكو

٣) وندهوك

جـ عاصمتها وندهوك .

س ما عاصمة جمهورية النيجر ؟

١) نيامي

٢) ياوندي

٣) داكار

جـ عاصمتها نيامي .

س ما عاصمة جمهورية نيجيريا الإتحادية ؟

١) بيساو

٢) أبوجا

٣) أكرا

جـ عاصمتها أبوجا .

س ما عاصمة مملكة تونغا؟

١) نوكرالوفا

٢) سدني

٣) كانبرا

جـ عاصمتها نوكوالوفا .

س ما عاصمة جمهورية كريباتي ؟

١) دالاب

٢) ياربن

٣) بايريكي

جـ عاصمتها بايريكي .

س ما عاصمة سانتا فانسنتا وغرناديتز؟

١) كنجزتاون

٢) سان سلفادور

٣) سانت جورجز

جـ عاصمتها كنجزتاون .

س ما عاصمة جمهورية غيانا التعاونيه؟

١) جورجتاون

٢) هافانا

٣) كاراكاس

جـ عاصمتها جورجتاون

التعداد السكاني

س كم يبلغ عدد سكان المملكة الأردنية الهاشمية ؟

١)   ٨,٦ مليون نسمه

٢)   ٥,٨ مليون نسمه

٣)   ٤,٩ مليون نسمه

جـ ٤,٩ مليون نسمه .

س كم يبلغ عدد سكان جمهورية افغانستان الديمقراطية ؟

١)   ١٦,١ مليون نسمه

٢)   ١٨,٢ مليون نسمه

٣)   ١٠,٣ مليون نسمه

جـ ١٠,٣ مليون نسمه .

س كم يبلغ عدد سكان الامارات العربية المتحدة ؟

١)   ٢,٦ مليون نسمه

٢)   ٢,٤ مليون نسمه

٣)   ٢,٥ مليون نسمه

جـ ٢,٥ مليون نسمه .

س كم يبلغ عدد سكان جمهورية اندونيسيا ؟

١)   ١٨٠ مليون نسمه

٢)   ١٩٥ مليون نسمه

٣)   ١٨٥ مليون نسمه.

جـ ١٩٥ مليون نسمه .

س كم يبلغ عدد سكان جمهورية اوزبكستان ؟

١)   ٢٣,٨ مليون نسمه

٢)   ٢١,٧ مليون نسمه

٣)   ٢٤,٨ مليون نسمه

جـ ٢١,٨ مليون نسمه .

س كم يبلغ عدد سكان جمهورية إيران الإسلامية ؟

١) ٦١,٢ مليون نسمه

٢) ٦٣,٤ مليون نسمه

٣) ٦٦,٥ مليون نسمه

جـ ٦١,٢ مليون نسمه .

س كم يبلغ عدد سكان دولة بابوا نيوغينيا ؟

١) ٤,١ مليون نسمه

٢) ٦,٣ مليون نسمه

٣) ٥,٦ مليون نسمه

جـ ٤,١ مليون نسمه .

س كم يبلغ عدد سكان جمهورية الباكستان الاسلامية ؟

١) ١٢٤ مليون نسمه

٢) ١٢٢ مليون نسمه

٣) ١٢١,٧ مليون نسمه

جـ ١٢١,٧ مليون نسمه

س كم يبلغ عدد سكان دولة البحرين ؟

١) ٦٦٤ ألف نسمه

٢) ٥٠٠ ألف نسمه

٣) ٦٦١ ألف نسمه

جـ . ٦٦١ ألف نسمه

س كم يبلغ عدد سكان سلطنة بروناي ؟

١) ٧,٨ مليون نسمه

٢) ٦,٨ مليون نسمه

٣) ٥,٨ مليون نسمه

جـ ٥,٨ مليون نسمه

س كم يبلغ عدد سكان جمهورية بنغلادش الشعبية ؟

١)   ١١٨مليون نسمه

٢)   ١١٩مليون نسمه

٣)   ١١٧مليون نسمه

جـ ١١٩مليون نسمه

س كم يبلغ عدد سكان مملكة بوتان ؟

١)   ١,٧مليون نسمه

٢)   ٢,٨مليون نسمه

٣)   ٣,٤مليون نسمه

جـ ١,٧ مليون نسمه.

س كم يبلغ عدد سكان مملكة تايلند ؟

١)   ٥٨مليون نسمه

٢)   ٥٩مليون نسمه

٣)   ٦٠مليون نسمه

جـ ٥٨مليون نسمه.

س كم يبلغ عدد سكان جمهورية تركمنستان ؟

١)   ٣,٩مليون نسمه

٢)   ٣,٥مليون نسمه

٣)   ٤,٥مليون نسمه

جـ ٣,٩مليون نسمه.

س كم يبلغ عدد سكان الجمهورية التركية ؟

١)   ٥٩مليون نسمه

٢)   ٦٠مليون نسمه

٣)   ٥٩,٩مليون نسمه

جـ ٥٩,٩مليون نسمه.

س كم يبلغ عدد سكان الجمهورية الروسية ؟

١) ١٤٩,٥مليون نسمه

٢) ١٤٨مليون نسمه

٣) ١٤٧مليون نسمه

جـ ١٤٩,٥ مليون نسمه

س كم يبلغ عدد سكان جمهورية سيريلانكا الديمقراطية الشعبية لعام ؟

١) ١٧مليون نسمه

٢) ١٧,٦مليون نسمه

٣) ١٨,٦مليون نسمه

جـ١٧,٦مليون نسمه

س كم يبلغ عدد سكان المملكة العربية السعودية ؟

١) ١٢,٤مليون نسمه

٢) ١٣مليون نسمه

٣) ١٦,٩مليون نسمه

جـ١٦,٩مليون نسمه

س كم يبلغ عدد سكان جمهورية سنغافوره ؟

١) ٣مليون نسمه

٢) ٢,٥مليون نسمه

٣) ٤مليون نسمه

جـ٣مليون نسمه

س كم يبلغ عدد سكان الجمهورية العربية السورية ؟

١) ١٥,٥مليون نسمه

٢) ١٤,٥مليون نسمه

٣) ١٦,٥مليون نسمه

جـ١٤,٥مليون نسمه

س كم يبلغ عدد سكان جمهورية الصين (تايوان) ؟

١)   ٢٩مليون نسمه

٢)   ٢٤مليون نسمه

٣)   ٢٨مليون نسمه

جـ٢٤مليون نسمه

س كم يبلغ عدد سكان جمهورية الصين الشعبية ؟

١)   ١,٥ مليار نسمه

٢)   ١ مليار نسمه

٣)   ٢ مليار نسمه

جـ ١,٥ مليار نسمه .

س كم يبلغ عدد سكان جمهورية طاجكستان ؟

١)   ٥١مليون نسمه

٢)   ٥٦مليون نسمه

٣)   ٥٨مليون نسمه

جـ٥١مليون نسمه

س كم يبلغ عدد سكان جمهورية العراق .

١)   ٢٤مليون نسمه

٢)   ١٩,٥مليون نسمه

٣)   ٢٢مليون نسمه

جـ١٩,٥مليون نسمه

س كم يبلغ عدد سكان سلطنة عُمان ؟

١)   ٢,٧مليون نسمه

٢)   ١,٦مليون نسمه

٣)   ٣مليون نسمه

جـ١,٦مليون نسمه

س كم يبلغ عدد سكان جمهورية الفلبين ؟

١) ٦٧,٢مليون نسمه

٢) ٦٩مليون نسمه

٣) ٧٠ مليون نسمه

جـ٦٧,٢مليون نسمه

س كم يبلغ عدد سكان جمهورية فيتنام الاشتراكية ؟

١) ٦٩مليون نسمه

٢) ٧٢مليون نسمه

٣) ٨٠مليون نسمه

جـ٦٩مليون نسمه

س كم يبلغ عدد سكان دولة قطر ؟

١) ٩٠٠ ألف نسمه

٢) ٥٠٠ ألف نسمه

٣) ٨٠٠ ألف نسمه

جـ ٥٠٠ ألف نسمه .

س كم يبلغ عدد سكان جمهورية كازاخستان ؟

١) ١٧,٥مليون نسمه

٢) ٢٠مليون نسمه

٣) ٢٥مليون نسمه

جـ١٧,٥مليون نسمه

س كم يبلغ عدد سكان جمهورية كمبوديا ؟

١) ١٢مليون نسمه

٢) ١٦مليون نسمه

٣) ١٧مليون نسمه

جـ١٢مليون نسمه

س كم يبلغ عدد سكان جمهورية كوريا الجنوبية ؟

١) ٥٠مليون نسمه

٢) ٦٠مليون نسمه

٣) ٤٤,٥مليون نسمه

جـ٤٤,٥مليون نسمه

س كم يبلغ عدد سكان كوريا الديمقراطية الشعبية ؟

١) ٢٦مليون نسمه

٢) ٢٢,٥مليون نسمه

٣) ٢٨مليون نسمه

جـ٢٢,٥مليون نسمه

س كم يبلغ عدد سكان دولة الكويت ؟

١) ٢مليون نسمه

٢) ١,٥مليون نسمه

٣) ٢,٥مليون نسمه

جـ١,٥مليون نسمه

س كم يبلغ عدد سكان جمهورية قيرزغستان ؟

١) ٣,٥مليون نسمه

٢) ٦,٦مليون نسمه

٣) ٤,٦مليون نسمه

جـ٤,٦مليون نسمه

س كم يبلغ عدد سكان جمهورية لاوس الديمقراطية الشعبية ؟

١) ٦مليون نسمه

٢) ٤,٤٤مليون نسمه

٣) ٧مليون نسمه

جـ ٤,٤٤ مليون نسمه.

س كم يبلغ عدد سكان الجمهورية اللبنانية ؟

١)   ٦ مليون نسمه

٢)   ٤ مليون نسمه

٣)   ٥ مليون نسمه

جـ ٤ مليون نسمه

س كم يبلغ عدد سكان جمهورية المالديف؟

١)   ٦٠٠ ألف نسمه

٢)   ٥٠٠ ألف نسمه

٣)   ٣٠٠ ألف نسمه

جـ ٣٠٠ ألف نسمه .

س كم يبلغ عدد سكان اتحاد ماليزيا؟

١)   ٢٥ مليون نسمه

٢)   ٢٢ مليون نسمه

٣)   ٢٠ مليون نسمه

جـ ٢٠ مليون نسمه

س كم يبلغ عدد سكان جمهورية منغوليا ؟

١)   ٤ مليون نسمه

٢)   ٦ مليون نسمه

٣)   ٣ مليون نسمه

جـ ٣ مليون نسمه

س كم يبلغ عدد سكان جمهورية إتحاد ميانمار (بورما) ؟

١)   ٤٤ مليون نسمه

٢)   ٤٨ مليون نسمه

٣)   ٥٠ مليون نسمه

جـ٤٤مليون نسمه

س كم يبلغ عدد سكان مملكة نيبال ؟

١)   ٢٥مليون نسمه

٢)   ٢١مليون نسمه

٣)   ٢٦مليون نسمه

جـ٢١مليون نسمه

س كم يبلغ عدد سكان جمهورية الهند ؟

١)   ٨٨٨ مليون نسمه

٢)   ١ مليار نسمه

٣)   ١,٥ مليار نسمه

جـ ١ مليار نسمه .

س كم يبلغ عدد سكان اليابان.

١)   ١٢٧ مليون نسمه

٢)   ١٤٠مليون نسمه

٣)   ١٥٠مليون نسمه

جـ١٢٧مليون نسمه.

س كم يبلغ عدد سكان الجمهورية اليمنية وجمهورية موزمبيق؟

١)   ١٩مليون نسمه

٢)   ٢٠مليون نسمه

٣)   ١٦مليون نسمه

جـ عدد سكان كل منهما ١٦ مليون نسمه .

س كم يبلغ عدد سكان جمهورية ارمينيا ؟

١)   ٤مليون نسمه

٢)   ٧مليون نسمه

٣)   ٩مليون نسمه

جـ٤مليون نسمه.

س كم يبلغ عدد سكان جمهورية اذربيجان ؟

١) ٦مليون نسمه

٢) ٨مليون نسمه

٣) ٥مليون نسمه

جـ٨مليون نسمه.

س كم يبلغ عدد سكان جمهورية أثيوبيا

١) ٥٠مليون نسمه

٢) ٥٢مليون نسمه

٣) ٦٠مليون نسمه

جـ٥٢مليون نسمه.

س كم يبلغ عدد سكان جمهورية ارتيريا ؟

١) ٦,٥مليون نسمه

٢) ٤,٥مليون نسمه

٣) ٣,٥مليون نسمه

جـ٣,٥مليون نسمه.

س كم يبلغ عدد سكان جمهورية افريقيا الوسطى ؟

١) ٣,٥مليون نسمه

٢) ٦مليون نسمه

٣) ٥,٥مليون نسمه

جـ ٣,٥ مليون نسمه .

س كم يبلغ عدد سكان جمهورية انغولا .

١) ٢٠مليون نسمه

٢) ١٩مليون نسمه

٣) ١١مليون نسمه

جـ ١١مليون نسمه.

س كم يبلغ عدد سكان كل من بتسوانا ، ومملكة ليسوتو ، وجمهورية ناميبيا ؟

١) ٦مليون نسمه

٢) ٤مليون نسمه

٣) ٢مليون نسمه

جـ يبلغ عدد سكان كل منهم ٢مليون نسمه.

س كم يبلغ عدد سكان كل من جمهورية جيبوتي ، جمهورية غينيا الاستوائية ، وجمهورية كيب فرد؟

١) ٤٥٠ ألف نسمه

٢) ٨٠٠ ألف نسمه

٣) ٩٠٠ ألف نسمه

جـ يبلغ عدد سكان كل منهم ٤٥٠ ألف نسمه .

س كم يبلغ عدد سكان جمهورية بنين الشعبية ، جمهورية سيراليون ، الجماهرية العربية الليبية الشعبية الاشتراكية ؟

١) ١٢مليون نسمه

٢) ١٠مليون نسمه

٣) ٥مليون نسمه

جـ يبلغ عدد سكان كل منهم ٥مليون نسمه.

س كم يبلغ عدد سكان كم يبلغ عدد سكان جمهورية بوركينافاسو الديمقراطية الشعبية، وجمهورية مالاوي ؟

١) ١٠مليون نسمه

٢) ١٥مليون نسمه

٣) ٢٠مليون نسمه

جـ يبلغ عدد سكان كل منهم ١٠مليون نسمه.

س كم يبلغ عدد سكان جمهورية بوروندي ؟

١) ٦،٥مليون نسمه

٢) ٩مليون نسمه

٣) ١٠مليون نسمه

جـ٦،٥مليون نسمه.

س كم يبلغ عدد سكان جمهورية تشاد ؟

١) ١٠مليون نسمه

٢) ٦مليون نسمه

٣) ١٥مليون نسمه

جـ٦مليون نسمه.

س كم يبلغ عدد سكان جمهورية تنزانيا المتحدة، والمملكة المغربية ؟

١) ٢٠مليون نسمه

٢) ٣٠مليون نسمه

٣) ٢٨مليون نسمه

جـ يبلغ عدد سكان كل منهم ٢٨مليون نسمه.

س كم يبلغ عدد سكان جمهورية توغو ؟

١) ١٠مليون نسمه

٢) ٤مليون نسمه

٣) ٩مليون نسمه

جـ٤مليون نسمه.

س كم يبلغ عدد سكان الجمهورية التونسية، الجمهورية الصومالية الديمقراطية؟

١) ٩مليون نسمه

٢) ١٢مليون نسمه

٣) ١٤مليون نسمه

جـ يبلغ عدد سكان كل منهم ٩مليون نسمه.

س كم يبلغ عدد سكان الجمهورية الجزائرية الديمقراطية الشعبية ؟

1) ٢٧مليون نسمه

2) ٣٠مليون نسمه

3) ٣٢مليون نسمه

جـ٢٧مليون نسمه.

س كم يبلغ عدد سكان جمهورية جنوب أفريقيا؟

1) ٥٠ مليون نسمه

2) ٤٢مليون نسمه

3) ٤٩مليون نسمه

جـ٤٢مليون نسمه.

س كم يبلغ عدد سكان جمهورية راوندا وجمهورية زامبيا وجمهورية السنغال وجمهورية مالي وجمهورية النيجر ؟

1) ١٦مليون نسمه

2) ١٥مليون نسمه

3) ٩مليون نسمه

جـ يبلغ عدد سكان كل منهم ٩مليون نسمه.

س كم يبلغ عدد سكان جمهورية زائير ؟

1) ٥٠مليون نسمه

2) ٤٥مليون نسمه

3) ٤١مليون نسمه

جـ٤١مليون نسمه.

س كم يبلغ عدد سكان جمهورية زيمبابوي ؟

1) ١٦مليون نسمه

2) ١٣مليون نسمه

3) ١٩مليون نسمه

جـ١٣مليون نسمه.

س كم يبلغ عدد سكان جمهورية ساحل العاج (كوت ديغوار)؟

١) ٢٢مليون نسمه

٢) ١٩مليون نسمه

٣) ١٥مليون نسمه

جـ١٥مليون نسمه.

س كم يبلغ عدد سكان جمهورية ساوتومي وبرنسب الديمقراطية؟

١) ١٣٣ألف نسمه

٢) ١٤٠ ألف نسمه

٣) ١٥٠ ألف نسمه

جـ١٣٣ ألف نسمه . .

س كم يبلغ عدد سكان مملكة سوازيلاند وجمهورية غامبيا؟

١) ٥٠٠ ألف نسمه

٢) ٢,٥مليون نسمه

٣) ١مليون نسمه

جـ يبلغ عدد سكان كل منهم ١مليون نسمه.

س كم يبلغ عدد سكان جمهورية السودان ؟

١) ٣٢مليون نسمه

٢) ٢٩مليون نسمه

٣) ٤٢مليون نسمه

جـ٢٩مليون نسمه.

س كم يبلغ عدد سكان جمهورية سيشل ؟

١) ٨٠ ألف نسمه

٢) ٩٠ ألف نسمه

٣) ٦٩ ألف نسمه

جـ٦٩ ألف نسمه .

س كم يبلغ عدد سكان كل من جمهورية الغابون وجمهورية غينيا بيساو؟

1) ٣مليون نسمه

2) ٢مليون نسمه

3) ١,٥مليون نسمه

جـ يبلغ عدد سكان كل منهم ١,٥مليون نسمه.

س كم يبلغ عدد سكان كل من جمهورية الكاميرون وجمهورية مدغشقر الديمقراطية؟

1) ١٦,٥مليون نسمه

2) ١٣,٥مليون نسمه

3) ١٨,٥مليون نسمه

جـ١٣,٥مليون نسمه.

س كم يبلغ عدد سكان كل من جمهورية الكونغو ، جمهورية ليبيريا ، الجمهورية الاسلامية العربية الافريقية الموريتانية ؟

1) ٥,٥مليون نسمه

2) ٣,٥مليون نسمه

3) ٦مليون نسمه

جـ يبلغ عدد سكان كل منهم ٣,٥مليون نسمه.

س كم يبلغ عدد سكان جمهورية مصر العربية ؟

1) ٦٠مليون نسمه

2) ٨٠مليون نسمه

3) ٩٠مليون نسمه

جـ٦٠مليون نسمه.

س كم يبلغ عدد سكان نيجيريا الاتحادية

1) ٩٣مليون نسمه

2) ١٣٠مليون نسمه

3) ١٤٠مليون نسمه

جـ٩٣مليون نسمه.

س كم يبلغ عدد سكان كل من المملكة البريطانية العظمى وشمال ايرلندا وجمهورية فرنسا وجمهورية ايطاليا ؟

١) ٨٠مليون نسمه

٢) ٥٩مليون نسمه

٣) ٦٤مليون نسمه

جـ يبلغ عدد سكان كل منهما ٥٩مليون نسمه.

س كم يبلغ عدد سكان مملكة أسبانيا وجمهورية بولندا ؟

١) ٤٠ مليون نسمه

٢) ٥٠مليون نسمه

٣) ٦٢مليون نسمه

جـ يبلغ عدد سكان كل منهما ٤٠مليون نسمه.

س كم يبلغ عدد سكان جمهورية استونيا وجمهورية سلوفينيا كوزوفو؟

١) ٤مليون نسمه

٢) ٢مليون نسمه

٣) ٥مليون نسمه

جـ يبلغ عدد سكان كل منهم ٢مليون نسمه.

س كم يبلغ عدد سكان كل من جمهورية البانيا وجمهورية ايرلندا الحره ؟

١) ٣,٨مليون نسمه

٢) ٤,٨مليون نسمه

٣) ٥,٨مليون نسمه

جـ يبلغ عدد سكان كل منهما ٣,٨مليون نسمه.

س كم يبلغ عدد سكان جمهورية المانيا ؟

١) ٩٠مليون نسمه

٢) ٨٢مليون نسمه

٣)   ٩٥مليون نسمه

جـ٨٢مليون نسمه.

س كم يبلغ عدد سكان امارة اندوره ؟

١)   ١٠٠ ألف نسمه

٢)   ٦٠ألف نسمه

٣)   ٨٠ الف نسمه

جـ ٦٠ ألف نسمه

س كم يبلغ عدد سكان جمهورية اوكرانيا ؟

١)   ٦٠مليون نسمه

٢)   ٥٣مليون نسمه

٣)   ٦٥مليون نسمه

جـ٥٣مليون نسمه.

س كم يبلغ عدد سكان جمهورية ايسلنده ؟

١)   ٤٩٠ ألف نسمه

٢)   ٣٠٠ ألف نسمه

٣)   ٥٠٠ ألف نسمه

جـ٣٠٠ ألف نسمه . .

س كم يبلغ عدد سكان كل من مملكة بلجيكا، جمهورية التشيك، جمهورية البرتغال جمهورية روسيا البيضاء (بيلاروسيا)، جمهورية اليونان؟

١)   ١٧مليون نسمه

٢)   ١٢مليون نسمه

٣)   ١٩مليون نسمه

جـ يبلغ عدد سكان كل منهم ١٢مليون نسمه.

س كم يبلغ عدد سكان كل منن جمهورية بلغاريا ومملكة السويد ؟

١)   ١٤مليون نسمه

٢) ١١مليون نسمه

٣) ٩مليون نسمه

جـ يبلغ عدد سكان كل منهما ٩مليون نسمه.

س كم يبلغ عدد سكان كل من جمهورية البوسنة والهرسك جمهورية كرواتيا جمهورية ملدافيا مملكة النرويج ؟

١) ٥مليون نسمه

٢) ١٠مليون نسمه

٣) ٩مليون نسمه

جـ يبلغ عدد سكان كل منهما ٥مليون نسمه.

س كم يبلغ عدد سكان كل من جمهورية جورجيا ، مملكة الدنمارك ، جمهورية سلوفاكيا، جمهورية فنلنده، جمهورية الصرب؟

١) ٦مليون نسمه

٢) ١٤مليون نسمه

٣) ٩مليون نسمه

جـ . يبلغ عدد سكان كل منهما ٦مليون نسمه.

س كم يبلغ عدد سكان جمهورية رومانيا ؟

١) ٣٠مليون نسمه

٢) ٢٤مليون نسمه

٣) ٢٩مليون نسمه

جـ٢٤مليون نسمه.

س كم يبلغ عدد سكان جمهورية سان مارينو ،إمارة موناكو ، إمارة ليشتنشتاين ؟

١) ٣٠ ألف نسمه

٢) ٢٠ ألف نسمه

٣) ١٣ ألف نسمه

جـ ٣٠ ألف نسمه .

س كم يبلغ عدد سكان الاتحاد الروسي؟

١) ٧مليون نسمه

٢) ٩مليون نسمه

٣) ١٠مليون نسمه

جـ٧مليون نسمه.

س كم يبلغ عدد سكان دولة الفاتيكان ؟

١) ٧٠٠ نسمه

٢) ١٠٠٠ نسمه

٣) ٨٠٠ نسمه

جـ ٨٠٠ نسمه .

س كم يبلغ عدد سكان جمهورية قبرص ؟

١) ٨٠٠ ألف نسمه

٢) ٩٠٠ ألف نسمه

٣) ١٠ آلاف نسمه

جـ٨٠٠ ألف نسمه . .

س كم يبلغ عدد سكان جمهورية لاتفيا، جمهورية مقدونيا؟

١) ٦مليون نسمه

٢) ٣مليون نسمه

٣) ٥مليون نسمه

جـ يبلغ عدد سكان كل منهما ٣مليون نسمه.

س كم يبلغ عدد سكان دوقية لوكسمبورغ، وجمهورية مالطا؟

١) ٨٠٠ ألف نسمه

٢) ٩٠٠ ألف نسمه

٣) ٤٠٠ ألف نسمه

جـ يبلغ عدد سكان كل منهما ٤٠٠ ألف نسمه .

س كم يبلغ عدد سكان جمهورية النمسا ؟

1) ١١ مليون نسمه
2) ٨مليون نسمه
3) ١٠مليون نسمه

جـ٨مليون نسمه.

س كم يبلغ عدد سكان الولايات المتحدة الامريكية؟

1) ٣٠٠مليون نسمه
2) ٢٤٠مليون نسمه
3) ٢٥٨مليون نسمه

جـ٢٥٨مليون نسمه.

س كم يبلغ عدد سكان كندا؟

1) ٤٠مليون نسمه
2) ٥٦مليون نسمه
3) ٢٨مليون نسمه

جـ٢٨مليون نسمه.

س كم يبلغ عدد سكان الأرجنتين؟

1) ٣٤مليون نسمه
2) ٥٦مليون نسمه
3) ٤٠مليون نسمه

جـ٣٤مليون نسمه.

س كم يبلغ عدد سكان كل من جمهورية الاكوادور، وجمهورية كوبا ؟

1) ١٥مليون نسمه
2) ١٣مليون نسمه
3) ١٦مليون نسمه

جـ يبلغ عدد سكان كل منهما ١٣مليون نسمه.

س كم يبلغ عدد سكان انتيغو اوباربودا؟

١) ٦٦ ألف نسمه

٢) ٧٥ ألف نسمه

٣) ٨٠ ألف نسمه

جـ٦٦ ألف نسمه .

س كم يبلغ عدد سكان جمهورية أورغواي وجمهورية كوستاريكا وجمهورية نيكاراغوا ؟

١) ٦مليون نسمه

٢) ٤مليون نسمه

٣) ٧مليون نسمه

جـ يبلغ عدد سكان كل منهم ٤مليون نسمه.

س كم يبلغ عدد سكان جمهورية باراغواي، وجمهورية هندوراس؟

١) ٦مليون نسمه

٢) ٩مليون نسمه

٣) ١٠مليون نسمه

جـ٦مليون نسمه.

س كم يبلغ عدد سكان جمهورية البرازيل الاتحادية؟

١) ١٦٢مليون نسمه

٢) ٢٨٠مليون نسمه

٣) ٢٥٠مليون نسمه

جـ١٦٢مليون نسمه.

س كم يبلغ عدد سكان بربادوس وكومنولث الباهاما؟

١) ٢٥٦ ألف نسمه

٢) ٢٨٠ ألف نسمه

٣) ٣٠٠ ألف نسمه

جـ يبلغ عدد سكان كل منهما ٢٥٦ ألف نسمه . .

س كم يبلغ عدد سكان بليز؟

١) ١٩٠ ألف نسمه

٢) ٣٠٠ ألف نسمه

٣) ٢١٠ ألف نسمه

جـ ١٩٠ ألف نسمه .

س كم يبلغ عدد سكان كل من جمهورية بنما وجمهورية جامايكا؟

١) ٢مليون نسمه

٢) ٣٫٥ مليون نسمه

٣) ٥ مليون نسمه

جـ يبلغ عدد سكان كل منهما ٣٫٥مليون نسمه.

س كم يبلغ عدد سكان بوليفيا، وجمهورية الدومينيكان ؟

١) ١٠مليون نسمه

٢) ٨٫٥مليون نسمه

٣) ١١مليون نسمه

جـ ٨٫٥مليون نسمه.

س كم يبلغ عدد سكان جمهورية البيرو؟

١) ٣٠مليون نسمه

٢) ٢٨مليون نسمه

٣) ٢٤٫٥مليون نسمه

جـ ٢٤٫٥مليون نسمه.

س كم يبلغ عدد سكان جمهورية ترينداد وتوباغو؟

١) ٢٫٥مليون نسمه

٢) ١٫٥مليون نسمه

٣) ٣٫٥مليون نسمه

جـ١,٥مليون نسمه.

س كم يبلغ عدد سكان جمهورية تشيلي ؟

١) ١٩مليون نسمه

٢) ١٥,٥مليون نسمه

٣) ٢٠مليون نسمه

جـ١٥,٥مليون نسمه.

س كم يبلغ عدد سكان كومنولث الدومينيكان ودولة غرينادا؟

١) ٣٠ ألف نسمه

٢) ٦٠ ألف نسمه

٣) ٨٩ ألف نسمه

جـ يبلغ عدد سكان كل منهما ٨٩ ألف نسمه .

س كم يبلغ عدد سكان اتحاد سانت كريستوفر (سانت كيتس)ونيفيس؟

١) ٨٠ ألف نسمه

٢) ٤٥ ألف نسمه

٣) ٦٠ ألف نسمه

جـ٤٥ ألف نسمه .

س كم يبلغ عدد سكان سانت فنسنت وغرنادينز، وسانت لوسيا؟

١) ١٤٠ ألف نسمه

٢) ١٦٥ ألف نسمه

٣) ١٩٥ ألف نسمه

جـ يبلغ عدد سكان كل منهما ١٦٥ ألف نسمه

س كم يبلغ عدد سكان جمهورية السلفادور ؟

١) ٦,٥ مليون نسمه

٢) ١٠,٥مليون نسمه

٣) ١١مليون نسمه

جـ6,5مليون نسمه.

س كم يبلغ عدد سكان جمهورية سورينام؟

١)   ٣٠٠ ألف نسمه

٢)   ٥٠٠ ألف نسمه

٣)   ٤٠٠ ألف نسمه

جـ٥٠٠ ألف نسمه .

س كم يبلغ عدد سكان جمهورية غواتيمالا؟

١)   ١٢,٥مليون نسمه

٢)   ١٣,٥مليون نسمه

٣)   ١٤,٥مليون نسمه

جـ١٢,٥مليون نسمه.

س كم يبلغ عدد سكان جمهورية غيانا التعاونية؟

١)   ٨٥٠ ألف نسمه

٢)   ١٠٠ ألف نسمه

٣)   ٩٥٠ ألف نسمه

جـ٨٥٠ ألف نسمه.

س كم يبلغ عدد سكان جمهورية فنزويلا؟

١)   ٢٩مليون نسمه

٢)   ٢٣,٥مليون نسمه

٣)   ٢٦مليون نسمه

جـ٢٣,٥مليون نسمه.

س كم يبلغ عدد سكان جمهورية كولومبيا؟

١)   ٢٥مليون نسمه

٢)   ٤٠مليون نسمه

٣)   ٣٦,٥مليون نسمه

جــ٣٦,٥مليون نسمه.

س كم يبلغ عدد سكان الولايات المكسيكية ؟

١)   ١١٠ مليون نسمه

٢)   ٩٦,٥مليون نسمه

٣)   ١٤٠مليون نسمه

جــ٩٦,٥مليون نسمه.

س كم يبلغ عدد سكان جمهورية هايتي؟

١)   ٧,٤مليون نسمه

٢)   ٩مليون نسمه

٣)   ١٠مليون نسمه

جــ٧,٤مليون نسمه.

س كم يبلغ عدد سكان كومنولث استراليا؟

١)   ٢٩مليون نسمه

٢)   ٣٠مليون نسمه

٣)   ١٩,٥مليون نسمه

جــ١٩,٥مليون نسمه.

س كم يبلغ عدد سكان نيوزيلندا .

١)   ٧مليون نسمه

٢)   ١٠مليون نسمه

٣)   ٤,٥مليون نسمه

جـ ٤,٥ مليون نسمه

الجزر والمضائق

س: أين تقع جزر القمر ؟

١)   المحيط الأطلسي.

٢)   المحيط الهندي.

٣)   البحر المتوسط.

جـ تقع جزر القمر في المحيط الهندي.

س: أين تقع جزر سيشل ؟

١)   المحيط الهندي.

٢)   المحيط الأطلسي.

٣)   المحيط الهادي.

جـ تقع جزر سيشل في المحيط الهادي.

س: أين تقع جزيرة هسبنيولا ؟

١)   البحر المتوسط.

٢)   البحر الكاريبي.

٣)   بحر اليابان.

جـ تقع جزيرة هسبنيولا في البحر الكاريبي.

س: أين تقع جزيرة بورينو ؟

١)   المحيط الهادي.

٢)   المحيط الهندي.

٣)   المحيط الاطلسي.

جـ تقع جزيرة بورينو في المحيط الهندي.

س: أين تقع جزر ماديرا ؟

١)   المحيط الهادي.

٢)   المحيط الهندي.

٣)   المحيط الأطلسي.

جـ تقع جزر ماديرا في المحيط الأطلسي.

س: أن تقع جزر الدايرا ؟

١)   المحيط الأطلسي.

٢)   المحيط الهندي.

٣)   المحيط المتجمد الشمالي.

جـ تقع جزر الوابرا في المحيط الهندي.

س: أن تقع جزر الآزور ؟

١)   المحيط الهندي.

٢)   المحيط الأطلسي.

٣)   المحيط الهادي.

جـ تقع جزر الآزور في المحيط الأطلسي.

س: أين تقع جزيرة غوتسو ؟

١)   البحر الأسود.

٢)   البحر المتوسط.

٣)   بحر قزوين.

جـ تقع جزيرة غوتسو في البحر المتوسط.

س: أين تقع جزيرة اسنسيون ؟

١)   المحيط الهادي.

٢)   المحيط الهندي.

٣)   المحيط الأطلسي.

جـ تقع جزيرة اسنسيون في المحيط الأطلسي.

س: أين تقع جزر الكناري ؟

١)   البحر المتوسط.

٢)   المحيط الأطلسي.

٣)   البحر الأسود.

جـ تقع جزر الكناري في المحيط الأطلسي.

س: أين تقع جزر البليار ؟

١) البحر المتوسط.

٢) بحر مرمرة.

٣) بحر ايجه.

جـ تقع جزر البليار في البحر المتوسط.

س: أين تقع جزر الأنتيل ؟

١) تفصل بين المحيط الهندي والمحيط الهادي.

٢) تفضل بين البحر الكاريبي والمحيط الأطلسي.

٣) تفضل بين البحر المتوسط والمحيط الأطلسي.

جـ تقع جزر الانتيل في البحر الكاريبي وتفصل بين البحر القاريني والمحيط الأطلسي.

س: أين جزيرة بانتلاريا ؟

١) بحر ايجه.

٢) البحر الأسود.

٣) البحر المتوسط.

جـ تقع جزيرة بانتلاريا في البحر المتوسط.

س: أين تقع جزر فريزيا ؟

١) بحر الشمال.

٢) بحر المانش.

٣) بحر مرمرة.

جـ تقع جزر فريزيان في بحر الشمال.

س: أين تقع جزيرة بمبا ؟

١) المحيط الهندي.

٢) المحيط الأطلسي.

٣) المحيط الهادي.

جـ تقع جزيرة بمبا في المحيط الهندي.

س: أين تقع جزيرة سردينيا ؟

١) بحر الادريانيك.

٢) البحر المتوسط.

٣) البحر الأسود.

جـ تقع جزيرة سردينيا في البحر المتوسط.

س: أين تقع جزر الأميرات ؟

١) بحر قزوين.

٢) بحر ايجه.

٣) بحر مرمرة.

جـ تقع جزر الأيدات في بحر مرمرة.

س: أين تقع جزيرة كورسيكا ؟

١) البحر الأحمر.

٢) البحر الأسود.

٣) البحر المتوسط.

جـ تقع جزيرة تورسيكا في البحر المتوسط

س: أين تقع جزيرة غرينلاند ؟

١) بحر الصين.

٢) بحر اليابان.

٣) الدئرارة القطبية الشمالية.

جـ الدئرارة القطبية الشمالية

س: أين جزيرة نيوزيلندا ؟

١) المحيط المتجمد الشمالي.

٢) المحيط المتجمد الجنوبي.

٣) المحيط الهادي.

جـ تقع جزيرة نيوزلندا في المحيط الهادي .

س: أين تقع جزر المالديف ؟

١) المحيط الهادي.

٢) المحيط الهندي.

٣) البحر الكاريبي.

جـ تقع جزر المالديف في المحيط الهندي .

س: أين تقع جزيرة سانت هيلانة ؟

١) المحيط الأطلسي.

٢) المحيط الهندي.

٣) المحيط الهادي.

جـ تقع جزيرة سانت هيلانة في المحيط الأطلسي.

س: أين تقع جزيرة ألبا ؟

١) البحر المتوسط.

٢) البحر الأسود

٣) االبحر الأحمر

جـ تقع جزيرة ألبا في البحر المتوسط.

س: أين تقع جزيرة كربت ؟

١) البحر المتوسط.

٢) البحر الكاريبي

٣) بحر ايجا

جـ تقع جزيرة كربت في البحر المتوسط.

س: أين تقع جزيرة مالطا ؟

١) المحيط الهادي

٢) المحيط الهندي

٣) البحر المتوسط

جـ تقع جزيرة مالطا في البحر المتوسط.

س: أين تقع جزيرة جورجيا الجنوبية ؟

١)   المحيط الهندي

٢)   المحيط الهادي

٣)   المحيط الأطلسي.

جـ تقع جزيرة جورجيا الجنوبية في المحيط الأطلسي.

س: أين تقع جزيرة أبو موسى ؟

١)   خليج عُمان

٢)   خليج عدن

٣)   الخليج العربي.

جـ تقع جزيرة أبو موسى في الخليج العربي.

س: أين تقع جزر هاواي ؟

١)   المحيط الهندي.

٢)   المحيط الهادي .

٣)   المحيط الأطلسي.

جـ تقع جزر هاواي في المحيط الأطلسي.

س: أين تقع جزيرة كريسماص ؟

١)   المحيط الهادي.

٢)   المحيط الأطلسي.

٣)   المحيط الهندي.

جـ جزيرة كربسماص في المحيط الهندي.

س: أين تقع جزيرة إيسترا ؟

١)   المحيط الهندي.

٢)   المحيط الهادي.

٣)   البحر الأحمر.

جـ تقع جزيرة إيسترا في المحيط الهادي.

س: أين تقع جزيرة مد عشتر ؟

١)   البحر الأحمر.

٢)   المحيط الهندي.

٣)   البحر الأسود.

جـ تقع جزيرة مدغشقر في المحيط الهندي.

س: أين تقع جزيرة هنشو ؟

١)   المحيط الهادي.

٢)   البحر الكاريبي.

٣)   البحر المتوسط.

جـ تقع جزيرة هنشو في المحيط الهادي.

س: أين تقع جزيرة تاهيني ؟

١)   المحيط الهندي.

٢)   المحيط الأطلسي.

٣)   المحيط الهادي.

جـ تقع جزيرة تاهيني في المحيط الهادي.

س: أين تقع جزيرة تايمان ؟

١)   البحر الأسود.

٢)   البحر الكاريبي.

٣)   البحر المتوسط.

جـ تقع جزيرة تايمان في البحر الكاريبي.

س: أين تقع شبه جزيرة القرم ؟

١)   البحر الأحمر.

٢)   البحر الأسود.

٣)   البحر المتوسط.

جـ تقع شبه جزيرة القرم في البحر الأسود.

س: أين تقع جزيرة زنجبار ؟

١) المحيط الهادي.

٢) المحيط الهندي.

٣) المحيط الأطلسي.

جـ تقع جزيرة زنجبار في المحيط الهندي.

س: أين تقع جزيرة دارين؟

١) خليج عُمان

٢) الخليج العربي

٣) خليج العقبة

جـ تقع جزيرة دارين في الخليج العربي.

س: أين تقع جزيرة رودوس ؟

١) البحر الكاريبي.

٢) البحر الأسود.

٣) البحر المتوسط.

جـ تقع جزيرة رودوس في البحر المتوسط.

س: أين تقع جزيرة فيلكه ؟

١) الكويت.

٢) البحرين.

٣) السعودية.

جـ تقع جزيرة فيليكة في الكويت.

س: أين تقع جزيرة تتاريف ؟

١) البرتغال.

٢) إيطاليا.

٣) إسبانيا.

جـ تقع جزيرة تتاريف في إسبانيا.

س: أين تقع جزيرة كريت ؟

١)   اليونان.

٢)   إيطاليا.

٣)   البرتغال.

جـ تقع جزيرة كريت في اليوان.

س: أين تقع جزيرة أم الغنم ؟

١)   البحرين.

٢)   عمان.

٣)   الكويت.

جـ تقع جزيرة أم الغنم في عُمان.

س: أين تقع جزيرة كورفو؟

ايطاليا

اليونان

البرتغال

جـ تقع جزيرة تورفو في اليونان .

س: أين تقع جزر قرقنة ؟

١)   تونس.

٢)   المغرب.

٣)   الجزائر.

جـ تقع جزر قرقنة في تونس.

س: أين تقع جزر أم البرك ؟

١)   السعودية.

٢)   أبو ظبي.

٣)   قطر.

جـ تقع جزر أم البرك في أبو ظبي.

س: أين تقع جزيرة كابري ؟

(١)   اليونان.

(٢)   إيطاليا.

(٣)   فرنسا.

جـ تقع جزيرة كابري في إيطاليا.

س: أين تقع جزيرة سومطرة ؟

(١)   باكستان.

(٢)   الهند.

(٣)   اليمن.

جـ تقع جزيرة سومطرة في اليمن.

س: أين تقع جزيرة مان ؟

(١)   بريطانيا.

(٢)   فرنسا.

(٣)   بلجيكا.

جـ تقع جزيرة مان في بريطانيا.

س: أين تقع جزيرة إبيبزا ؟

(١)   البرتغال.

(٢)   إسبانيا.

(٣)   إيطاليا.

جـ تقع جزيرة إبيبزا في إسبانيا.

س: أين تقع بحيرة غريت بير (الدب الكبير) وكم كم٢ تبلغ مساحتها ؟

(١)   في كندا وتبلغ مساحتها ٣١٬٥٠٠ كم٢.

(٢)   في اليونان ومساحتها ١٦٬٠٠٠ كم٢.

(٣)   في فنزويلا ومساحتها ٤٢٬٠٠٠ كم٢.

جـ- تقع بحيرة غريت بير (Griat Bear) (الدب الكبير) في كندا وتبلغ مساحتها ٣١,٥٠٠ كم٢.

س: أين تقع بحيرة بايكال وكم كم٢ تبلغ مساحتها ؟

١) في إفريقيا وتبلغ مساحتها ٤٢,٠٠٠ كم٢.

٢) في روسيا وتبلغ مساحتها ٣١,٠٠٠ كم٢.

٣) في اليابان وتبلغ مساحتها ٤٤,٠٠٠ كم٢.

جـ- تقع بحيرة بايكال في روسيا وتبلغ مساحتها ٣١,٥٠٠ كم٢.

س: أين تقع بحيرة مالاوي وكم كم٢ تبلغ مساحتها ؟

١) في إفريقيا وتبلغ مساحتها ٢٩,٠٠٠ كم٢.

٢) في آسيا وتبلغ مساحتها ٢٠,٠٠٠ كم٢.

٣) في أوروبا وتبلغ مساحتها ٣٠,٠٠٠ كم٢.

جـ- تقع بحيرة مالاوي في إفريقيا وتبلغ مساحتها ٢٩,٠٠٠ كم٢.

أعلام وشعارات مميزة

س ما علم الدولة الوحيد الذي لاينكس ؟

١)   اليابان

٢)   السعودية

٣)   سوريا

جـ السعودية .

س العلم الوحيد الذي عليه شجرة ؟

١)   لبنان

٢)   اليونان

٣)   ايطاليا

جـ لبنان .

س ما العلم الوحيد ذو الوجهين المختلفين ؟

١)   جيبوتي

٢)   السودان

٣)   باراغواي .

جـ باراغواي .

س ما العلم الوحيد الذي يتكون من مثلثين ؟

١)   بوتان

٢)   نيبال

٣)   سيلان

جـ نيبال .

س ما العلم الوحيد الذي يتكون من اللون الأخضر فقط ؟

١)   ايطالي

٢)   ليبيا

٣)   بريطانيا

جـ ليبيا .

س ما العلم الوحيد الذي عليه صورة تنين ؟

١) زائير

٢) جيبوتي

٣) بوتان

جـ بوتان

س ما العلم الوحيد الذي عليه شعله ؟

١) الصرب

٢) رواmانيا

٣) زائير

جـ زائير .

س ما العلم الوحيد الذي عليه دب ؟

١) ولاية كاليفورنيا الامريكية

٢) تنزانيا

٣) سيلان

جـ ولاية كاليفورنيا الأمريكية .

س ما العلم الوحيد الذي عليه الشهادتان ؟

١) مصر

٢) اليمن

٣) السعودية

جـ السعودية .

س ما العلم الوحيد الذي عليه الـلـه أكبر ؟

١) سوريا

٢) العراق

٣) تونس

جـ العراق .

س ما العلم الوحيد الذي عليه ورقة القيقب ؟

١)   الدنمارك

٢)   المكسيك

٣)   كندا

جـ كندا .

س ما العلم الوحيد عليه خارطة ؟

١)   اليونان

٢)   قبرص

٣)   ايطاليا

جـ قبرص .

س ما العلم الوحيد الذي عليه نسر ذو رأسين ؟

١)   كرواتيا

٢)   ألبانيا

٣)   بيلاروسيا

جـ ألبانيا .

س ما العلم الوحيد الذي عليه الفيل الأفريقي ؟

١)   تنجانيفيا

٢)   ارتيريا

٣)   الحبشة

جـ الحبشة .

س ما العلم الوحيد الذي عليه زرافة ؟

١)   تنزانيا

٢)   الملاوي

٣)   كينيا

جـ تنزانيا .

س ما العلم الوحيد الذي عليه نبتة الرز؟

١)   بورما

٢)   مدغشقر

٣)   رومانيا

جـ بورما .

س ما العلم الوحيد المرصع بخمسين نجمه؟

١)   بريطانيا

٢)   نيوزلندا

٣)   الولايات المتحدة الأمريكية

جـ الولايات المتحدة الأمريكية .

س ما الطائر الذي اتخذته الولايات المتحدة الأمريكية طائر لها ؟

١) النسر الأصلع

٢) النسر الأسود

٣) النسر الأبيض

جـ النسر الأصلع .

س ما الحيوان الذي اتخذته بريطانيا شعاراً لها ؟

١) النمر

٢) الأسد

٣) الدب

جـ الأسد .

س ما الطائر الذي اتخذته الأردن طائراً وطنياً لها ؟

١) الطائر الوردي السينائي

٢) الطائر الأبيض

٣) الطائر الأسود

جـ الطائر الوردي السينائي .

س ما الطائر الذي اتخذته استراليا طائراً وطنياً لها ؟

١) البجع

٢) النسر

٣) الايمو

جـ الإيمو .

س ما الطائر الذي اتخذته الهند طائراً وطنياً لها ؟

١) الدجاجة

٢) الطاووس

٣) البط

جـ الطاووس .

س ما الشجرة التي اتخذتها لبنان شعاراً لها ؟

(١)   الأرز

(٢)   الصنوبر

(٣)   اللوز

جـ الآرز.

س ما النبتة التي اتخذتها الأردن زهرة وطنية لها؟

(١)   السوسنة السوداء

(٢)   السوسنة البيضاء

(٣)   الزنبقة

جـ السوسنة السوداء .

س ما الطائر الذي اتخذته بولندا طائر وطنياً لها؟

(١)   اللقلق

(٢)   النسر الأبيض

(٣)   الكيوي

جـ النسر الأبيض .

س ما الطائر الذي اتخذته نيوزلندا طائراً وطنياً لها ؟

(١)   الإيمون

(٢)   الكيوي

(٣)   النسر الأسود

جـ الكيوي .

س ما الحيوان الذي اتخذه الحزب الجمهوري الأمريكي شعاراً له ؟

(١)   الفيل

(٢)   القرد

(٣)   القط

جـ الفيل .

س ما الحيوان الذي اتخذه حزب العمال البريطانين شعاراً له؟

١)   الوزة الحمراء

٢)   الفقمة

٣)   اللقلق

جـ الوزة الحمراء .

س ما الحيوان الذي اتخذه الحزب الديمقراطي الأمريكي شعاراً له ؟

١)   افيل

٢)   الكلب

٣)   الحمار

جـ الحمار .

مواقع
السدود، والأنهار

س اين يقع سد الثرثار ؟

١) العراق

٢) لبنان

٣) سوريا

جـ العراق .

س أين يقع سد الرستق ؟

١) السعوديه

٢) سوريا

٣) الاردن

جـ سوريا

س أين يقع سد وادي جيزان ؟

١) اليمن

٢) الهند

٣) السعوديه

جـ السعوديه .؟

س أين يقع سد عكرمه ؟

١) العراق

٢) السعوديه

٣) ليبيا

جـ السعوديه

س أين يقع السد العالي؟

١) المغرب

٢) الجزائر

٣) مصر

جـ مصر

س أين يقع سد كاريلا ؟

    ١)   الهند

    ٢)   الباكستان

    ٣)   اليونان

جـ الباكستان.

س أين يقع سد غراند كولي ؟

    ١)   الولايات التحدة الامريكية

    ٢)   كندا

    ٣)   فنزويلا

جـ الولايات المتحدة الأمريكية .

س أين يقع سد شرحبيل بن حسنه ؟

    ١)   على وادي الدواسر في السعوديه

    ٢)   على وادي السرحان في السعوديه

    ٣)   على وادي زقلاب في الأردن

جـ على وادي زقلاب في الأردن .

س أين يقع سد القرعون ؟

    ١)   نهر دجلة في العراق

    ٢)   نهر الليطاني في لبنان

    ٣)   نهر بردى في سوريا

جـ نهر الليطاني في لبنان .

س أين يقع سد السنار ؟

    ١)   السعودية

    ٢)   السودان

    ٣)   ليبيا

جـ السودان .

س أين يقع سد العاقول ؟

١)   في طرابلس في ليبيا

٢)   في دمشق في سوريا

٣)   في المدينة المنوره في السعودية

جـ في المدينة المنورة في السعودية .

س أين يقع سد بها كرة ؟

١)   الهند

٢)   أفغانستان

٣)   ايران

جـ الهند .

س أين يقع سد الكرامة ؟

١)   البحرين

٢)   الأردن

٣)   المغرب

جـ الأردن .

س أين يقع سد وادي نمار؟

١)   القسطنطينية في الجزائر

٢)   بنغازي في ليبيا

٣)   الرياض في السعودية

جـ الرياض في السعودية .

س أين يقع سد بولدر ؟

١)   الأراغواي

٢)   الكولورادو

٣)   الكونغو

جـ الكولورادو .

س أين يقع سد جبل الأولياء ؟

١)   اليمن

٢)   السودان

٣)   عُمان

جـ السودان .

س أين يقع سد محمد الخامس ؟

١)   المغرب

٢)   ليبيا

٣)   موريتانيا

جـ المغرب .

س أين يقع سد مأرب ؟

١)   جيبوتي

٢)   اليمن

٣)   قطر

جـ اليمن .

س أين يقع سد الملك طلال ؟

١)   وادي العرب في الأردن

٢)   وادي الزرقاء في الأردن

٣)   وادي اليابس في الأردن

جـ وادي الزرقاء في الأردن .

س أين يقع نهر الملوية؟

١) تونس

٢) الأردن

٣) المغرب

جـ المغرب .

س أين يقع نهر المقطع ؟

١) سوريا

٢) فلسطين

٣) لبنان

جـ فلسطين .

س أين يقع نهر تشيرشل؟

١) كندا

٢) المكسيك

٣) بورما

جـ كندا.

س أين يقع نهر نلسون زاكتوش؟

١) اسبانيا

٢) أمريكا الجنوبية

٣) أمريكا الشمالية

جـ أمريكا الشمالية .

س أين يقع نهر الغانغ (الغنج)؟

١) أوروبا(بولندا)

٢) افريقيا(السنغال)

٣) آسيا (الهند)

جـ آسيا الهند .

س أين يقع نهر ماكنيزي؟

١) الولايات المتحدة المريكية

٢) فنزويلا

٣) كندا

جـ كندا .

س أين يقع نهر سلادو ؟

١) أمريكا الجنوبية

٢) أوروبا

٣) آسيا

جـ أمريكا الجنوبية .

س أين يقع نهر يوكن ؟

١) أمريكا الشمالية

٢) أمريكا الجنوبية

٣) استراليا

جـ امريكا الشمالية .

س أين يقع نهر سانت لورنس؟

١) كندا

٢) البيرو

٣) بوليفيا

جـ كندا.

س أين يقع نهر ريوغراند ؟

١) أمريكا الشمالية

٢) أمريكا الجنوبية

٣) أوروبا

جـ امريكا الشمالية .

س أين يقع نهر قارون ؟

١) ايران

٢) العراق

٣) باكستان

جـ ايران .

س أين يقع النهر الأصفر ؟

١) اليابان

٢) الصين

٣) الهند

جـ الصين.

س أين يقع نهر الرقراق؟

١) ليبيا

٢) الجزائر

٣) المغرب

جـ المغرب .

س أين يقع نهر الأورينكو ؟

١) أوروبا

٢) أمريكا الجنوبية

٣) آسيا

جـ أمريكا الجنوبية .

س أين يقع نهر دجلة ؟

١) الهند

٢) أفغانستان

٣) العراق

جـ العراق.

س أين يقع نهر مجد لينا ؟

    ١)   استراليا

    ٢)   أمريكا الجنوبية

    ٣)   نيوزلندا

جـ أمريكا الجنوبية .

س أين يقع نهر السنغال؟

    ١)   أفريقيا

    ٢)   آسيا

    ٣)   أوروبا

جـ أفريقيا.

س أين يقع نهر إيراوادي ؟

    ١)   آسيا

    ٢)   أفريقيا

    ٣)   أستراليا

جـ آسيا .

س أين يقع نهر أوراغواي ؟

    ١)   أمريكا الجنوبية

    ٢)   آسيا

    ٣)   أستراليا

جـ أمريكا الجنوبية .

س أين يقع نهر غامبيا؟

    ١)   أوروبا

    ٢)   أفريقيا

    ٣)   آسيا

جـ أفريقيا.

س أين يقع نهر بارانا ؟

١) استراليا

٢) أمريكا الجنوبية

٣) أفريقيا

جـ أمريكا الجنوبية .

س أين يقع نهر اللوار؟

١) ايطاليا

٢) فرنسا

٣) أسبانيا

جـ فرنسا.

س أين يقع نهر البو؟

١) اليونان

٢) البرتغال

٣) إيطاليا

جـ إيطاليا

س أين يقع نهر الغارون ؟

١) البرتغال

٢) فرنسا

٣) اسبانيا

جـ فرنسا .

س أين يقع نهر اليرموك ؟

١) سوريا

٢) الأردن

٣) لبنان

جـ الأردن .

أين يقع نهر سرداريا ؟

١) بيلاروسيا

٢) كازاخستان

٣) طاجكستان

جـ كاتزخستان .

س أين يقع نهر جوار ؟

١) البرازيل

٢) البيرو

٣) بوليفيا

جـ البرازيل .

س أين يقع نهر كولورادو ؟

١) الأرجنتين

٢) الباراغواي

٣) كولومبيا

جـ الأرجنتين .

س أين يقع نهر سان فرانسيسكو ؟

١) الإكوادور

٢) البرازيل

٣) فنزويلا

جـ البرازيل .

س أين يقع نهر دون ؟

١) أوروبا

٢) آسيا

٣) أفريقيا

جـ آسيا .

س أين يقع نهر الوادي الكبير ؟

١)   أسبانيا

٢)   البرتغال

٣)   ايطاليا

جـ اسبانيا .

س أين يقع نهر تاديم ؟

اليابان

الصين

افغانستان

جـ الصين .

س أين يقع نهر الدامور ؟

لبنان

الأردن

فلسطين

جـ لبنان .

س أين يقع نهر العاصي ؟

١)   الأردن

٢)   سوريا

٣)   السعوديه

جـ سوريا .

س أين يقع نهر إلياس ؟

١)   تركيا

٢)   قبرص

٣)   افغانستان

جـ قبرص .

س أين يقع نهر ابراهيم ؟

١)   لبنان

٢)   المغرب

٣)   مصر

جـ لبنان .

س أين يقع نهر سبو ؟

١)   ليبيا

٢)   المغرب

٣)   تونس

جـ المغرب .

س أين يقع نهر المور؟

١)   بريطانيا

٢)   فرنسا

٣)   اسبانيا

جـ فرنسا .

س أين يقع نهر أور ؟

١)   المانيا

٢)   سويسرا

٣)   بلجيكا

جـ بلجيكا.

س أين يقع نهر هار؟

١)   فرنسا

٢)   المانيا

٣)   البرتغال

جـ ألمانيا.

س أين يقع نهر شبيلي ؟

١) جيبوتي

٢) السودان

٣) الصومال

جـ الصومال .

س أين يقع نهر أورانج؟

١) جنوب أفريقيا

٢) كينيا

٣) ليسوتو

جـ جنوب أفريقيا.

العملة والنقود

س: ما العملة المستخدمة في المملكة الأردنية الهاشمية؟

١)   دينار.

٢)   دولار.

٣)   جنيه.

جـ الدينار.

س: ما العملة المستخدمة في جمهورية أفغانستان الديمقراطية؟

١)   دينار.

٢)   درهم.

٣)   أفغاني.

جـ أفغاني.

س: ما العملة المستخدمة في الإمارات العربية المتحدة؟

١)   جنيه.

٢)   درهم.

٣)   دولار.

جـ درهم.

س: ما العملة المستخدمة في أندونيسيا؟

١)   دولار.

٢)   ريال.

٣)   روبيه.

جـ روبيه.

س: العملة المستخدمة في جمهورية أذربيجان؟

١)   ربوبية

٢)   روبل

٣)   ليرة

جـ روبل

س: ما العملة المستخدمة في جمهورية إيران الاسلامية؟

١) ريال

٢) ليرة

٣) دينار

جـ ريال

س: ما العملة المستخدمة في دولة بابوا نيوغينيا؟

١) ريال

٢) كينا

٣) ليرة

جـ كينا

ما العملة المستخدمة في جمهورية باكستان الإسلامية؟

١) دولار

٢) روبية

٣) روبل

جـ روبيه

س: ما العملة المستخدمة في دولة البحرين؟

١) دينار

٢) دولار

٣) ليرة

جـ دينار.

س: ما العملة المستخدمة في سلطنة بروناي؟

١) دولار

٢) ريال

٣) ليرة

جـ دولار

س: ما العملة المستخدمة في جمهورية بنغلادش الشعبية؟

١)   روبية

٢)   روبل

٣)   تاكا

جـ تاكا

س: ما العملة المستخدمة في مملكة بوتان؟

١)   دولار

٢)   نغولتردام

٣)   روبل

س: العملة المستخدمة في الدولة نغولتردم؟

١)   بات

٢)   روبل

٣)   ليرة

جـ بات

ما العملة المستخدمة في جمهورية تركمنستان

دينار

ليرة

روبل

جـ روبل

ما العملة المستخدمة في الجمهورية التركية؟

١)   دينار

٢)   دولار

٣)   ليرة

جـ ليرة

العملة المستخدمة في الجمهورية الروسية؟

(١) ليرة

(٢) ريال

(٣) روبل

جـ روبل

س: العملة المستخدمة في جمهورية سيريلانكا الشعبية؟

(١) روبل

(٢) ربيه

(٣) ريال

جـ ربيه

س: ما العملة المستخدمة في المملكة العربية السعودية ؟

(١) دينار

(٢) ليرة

(٣) ريال

جـ ريال

س: ما العملة المستخدمة في جمهورية سنغافورة ؟

(١) دينار

(٢) دولار

(٣) ريال

جـ دولار.

ما العملة المستخدمة في الجمهورية العربية السورية؟

(١) ريال

(٢) دينار

(٣) ليرة

جـ ليرة

س: ما العملة المستخدمة في جمهورية الصين (تايوان)؟

١) دولار

٢) دينار

٣) ليرة

جـ دولار

س: ما العملة المستخدمة في جمهورية الصين الشعبية ؟

١) روبل

٢) يوان

٣) دولار

جـ يوان

س: ما العملة المستخدمة في جمهورية طاجاكستان ؟

١) روبية

٢) ريال

٣) روبل

جـ روبل

س: ما العملة المستخدمة في جمهورية العراق ؟

١) دينار

٢) دولار

٣) ريال

جـ دينار

س: ما العملة المستخدمة في سلطنة عمان ؟

١) ريال

٢) ليرة

٣) دينار

جـ دينار

س: ما العملة المستخدمة في جمهورية الفليبين؟

١) روبل

٢) روبية

٣) بيزو

جـ بيزو

س: ما العملة المستخدمة في جمهورية فيتنام الاشتراكية؟

١) دولار

٢) دونغ

٣) دينار

جـ دونغ .

س: ما العملة المستخدمة في دولة قطر؟

١) ريال

٢) درهم

٣) دينار

جـ ريال

س: ما العملة المستخدمة في جمهورية كازاخستان ؟

١) روبية

٢) روبل

٣) ريال

جـ روبل.

س: ما العملة المستخدمة في جمهورية كمبوشيا (كمبوديا)؟

١) درهم

٢) ريال

٣) دولار

جـ ريال

س: ما العملة المستخدمة في جمهورية كوريا الجنوبية ؟

١) دولار

٢) روبل

٣) وون

جـ وون .

س: ما العملة المستخدمة في جمهورية كوريا الديمقراطية الشعبية ؟

١) دولار

٢) وون

٣) روبيه

جـ وون

س: ما العملة المستخدمة في دولة الكويت ؟

١) درهم

٢) دولار

٣) دينار

جـ دينار .

س: ما العملة المستخدمة في جمهورية قير غيز ستان ؟

١) روبل

٢) ربيه

٣) روبل سوم

جـ روبل سوم

س: ما العملة المستخدمة في جمهورية لاوس الديموقراطية الشعبية ؟

١) دونغ

٢) كيب جديد

٣) وون

جـ كيب جديد .

س: ما العملة المستخدمة في الجمهورية اللبنانية؟

١)   ليرة

٢)   دينار

٣)   درهم

جـ ليرة .

س: ما العملة المستخدمة في جمهورية المادليف؟

١)   وون

٢)   روبل

٣)   روبيه

جـ روبية .

س: ما العملة المستخدمة في اتحاد ماليزيا ؟

١)   رنيغيت

٢)   دونغ

٣)   روبيه

جـ رنيغيت .

س: ما العملة المستخدمة في جمهورية منغوليا ؟

١)   وون

٢)   دونغ

٣)   توغريك

جـ توغريك

س: ما العملة المستخدمة في جمهورية ميانمار(بورما) ؟

١)   كيات

٢)   تاكا

٣)   كينا

جـ كيات.

ما العملة المستخدمة في مملكة نيبال ؟

(١) روبيه

(٢) روبل

(٣) دونغ

جـ روبيه

س: ما العملة المستخدمة في جمهورية الهند ؟

(١) دولار

(٢) ريال

(٣) روبيه

جـ روبيه

س: ما العملة المستخدمة في اليابان ؟

(١) دولار

(٢) ين

(٣) وون

جـ ين

س: ما العملة المستخدمة في الجمهورية اليمنية ؟

(١) ريال

(٢) درهم

(٣) دينار

جـ ريال

س: ما العملة المستخدمة في جمهورية أثيوبيا؟

(١) دينار

(٢) بير

(٣) دولار

جـ بير .

س: العملة المستخدمة في جمهورية أنغولا؟

١) كوانزا

٢) دولار

٣) فرمك

جـ كوانزا

س: العملة المستخدمة في جمهورية اوغندا، جمهورية الصومال ، جمهورية تنزانيا، جمهورية كينيا ؟

١) ين

٢) فرنك

٣) شلن

جـ شلن العملة المستخدمة في كل منهما ؟

س: ما العملة المستخدمة في جمهورية بتسوانا؟

١) بولا

٢) شلن

٣) فرنك

جـ بولا

س: ما العملة المستخدمة في جمهورية بنين الشعبية، جمهورية بوركينا فاسو، جمهورية تشاد، جمهورية توغو، جمهورية ساحل العاج، جمهورية السنغال، جمهورية أفريقيا الوسطى ؟

١) فرنك

٢) دينار

٣) فرنك وسط افريقيا

جـ فرنك وسط افريقيا العملة المستخدمة في كل منهم .

س: ما العملة المستخدمة في الجمهورية التونسية/ الجمهورية الديمقراطية الجزائرية ، الجمهورية العربية الليبية الشعبية الاشتراكية ؟

١) دينار

٢) درهم

٣) ليرة

جـ دينار العملة المستخدمة في كل منهم ؟

س: ما العملة المستخدمة في جنوب افريقيا؟

١) راند

٢) دولار

٣) فرنك

جـ راند.

س: ما العملة المستخدمة في جمهورية زائير؟

١) زائير

٢) راند

٣) فرنك

جـ زائير.

س: ما العملة المستخدمة في جمهورية زامبيا؟

فرنك.

كواشا.

راند.

جـ كواشا.

س: ما العملة المستخدمة في جمهورية زيمبابوي وجمهورية ليبيريا ؟

١) دينار

٢) فرنك

٣) دولار

جـ دولار العملة المستخدمة في كل منهما ؟

س: ما العملة المستخدمة في جمهورية ساوتومي وبرنسيب الديمقراطية؟

١) دولار.

(٢)   فرنك.

(٣)   دوبرا.

جـ دوبرا.

س: ما العملة المستخدمة في مملكة سوازيلاند؟

(١)   ليلنغني

(٢)   فرنك

(٣)   دولار

جـ ليلنغني

س: ما العملة المستخدمة في جمهورية سيراليون؟

(١)   ليون

(٢)   فرنك

(٣)   جنيه

جـ ليون.

س: العملة المستخدمة في جمهورية الغابون و جمهورية غينيا الاستوائية و اتحـاد جـزر القمـر وجمهوريـة الكاميرون وجمهورية الكونغو و جمهورية النيجر ؟

(١)   جنيه

(٢)   فرنك وسط افريقيا

(٣)   شلن

جـ العملة المستخدمة في كل منهما فرنك وسط افريقيا.

س: ما العملة المستخدمة في جمهورية غامبيا؟

(١)   دالاسي

(٢)   ليون

(٣)   جنيه

جـ دالاسي

س: ما العملة المستخدمة في جمهورية غانا؟

١) ليون

٢) جنيه

٣) سيدي جديد

جـ سيدي جديد

س: ما العملة المستخدمة في مملكة ليسوتو؟

١) مالوتي

٢) روبيه

٣) فرنك

جـ مالوتي.

س: ما العملة المستخدمة في جمهورية مالاوي؟

١) ليون

٢) شلن

٣) كواشا

جـ كواشا.

س: ما العملة المستخدمة في جمهورية مصر العربية وجمهورية السودان ؟

١) جنيه

٢) دينار

٣) شلن

جـ العملة المستخدمة في كل منهما جنيه.

س: ما العملة المستخدمة في المملكة المغربية؟

١) ليره

٢) دينار

٣) درهم

جـ درهم.

س: ما العملة المستخدمة في الجمهورية الإسلامية العربية الأفريقية الموريتانية؟

(١) ليرة.

(٢) أوقية.

(٣) درهم.

جـ أوقية.

س: ما العملة المستخدمة في دولة موريشيوس وجمهورية سيشل ؟

(١) ريال.

(٢) روبل.

(٣) روبية.

جـ العملة المستخدمة في كل منهما الروبيه.

س: ما العملة المستخدمة في جمهورية موزامبيق؟

(١) متيكال.

(٢) روبية.

(٣) جنيه.

جـ ميتكال.

س: ما العملة المستخدمة في ناميبيا؟

(١) راند جنوب أفريقيا.

(٢) راند جنوب أفريقيا.

(٣) فرنك وسط أفريقيا

جـ راند جنوب أفريقيا .

س: ما العملة المستخدمة في جمهورية نيجيريا الاتحادية؟

(١) نايرا.

(٢) فرنك.

(٣) راند.

جـ نايرا.

س: ما العملة المستخدمة في جمهورية أذربيجان؟

١) روبل.

٢) منات.

٣) ليره.

جـ منات.

س: ما العملة المستخدمة في كل من جمهورية أرمينيا وجمهورية جورجيا وجمهورية روسيا البيضاء (بيلا روسيا) وجمهورية لاتفيا وجمهورية ملدافيا؟

١) درهم.

٢) روبل.

٣) ين.

جـ العملة المستخدمة في كل منهم روبل.

س: ما العملة المستخدمة في مملكة إسبانيا؟

١) بزيتا.

٢) كرونا.

٣) فرنك.

جـ بزيتا.

س: ما العملة المستخدمة في جمهورية ألبانيا؟

١) ليف.

٢) ليك.

٣) دينار.

جـ ليك.

س: ما العملة المستخدمة في جمهورية ألمانيا؟

١) مارك.

٢) ين.

٣) دولار.

جـ مارك.

س: ما العملة المستخدمة في إمارة أندوروا؟

١)   جنيه إنجليزي.

٢)   فرنك فرنسيوبزيتا.

٣)   دولار أمريكي.

جـ فرنك فرنسي، وبزيتا.

س: ما العملة المستخدمة في جمهورية أوكراني؟

١)   مارك.

٢)   ين.

٣)   كاربوفنت.

جـ كاربوفنت.

س: ما العملة المستخدمة في جمهورية ايرلندا؟

١)   مارك.

٢)   فرنك.

٣)   بونت.

جـ بونت.

س: ما العملة المستخدمة في جمهورية أيسلندا وجمهورية التشيك وجمهورية سلوفاكيا ومملكة السويد؟

١)   كرونا.

٢)   ين.

٣)   دولار.

جـ العملة المستخدمة في كل منهم كرونا.

س: ما العملة المستخدمة في كل من جمهورية إيطاليا وسان مارينو و الفاتيكان و مالطا ؟

١)   بونت.

٢)   ليرا.

(٣)   مارك.

جـ العملة المستخدمة في كل منهم هي ليرا.

س: ما العملة المستخدمة في جمهورية البرتغال؟

(١)   زلوتي.

(٢)   بزيتا.

(٣)   اسكودو.

جـ اسكودو.

س: ما العملة المستخدمة في المملكة المتحدة البريطانية العظمى وشمال ايرلندا؟

(١)   الدولار الأمريكي.

(٢)   الجنيه الإسترليني.

(٣)   الين.

جـ الجنيه الإسترليني.

س: ما العملة المستخدمة في مملكة بلجيكا، الاتحاد السويسري ، جمهورية فرنسا ، دوقية لوكسمبورغ ، إمارة

ليشتنشتاين، إمارة موناكو ؟

(١)   الفرنك.

(٢)   تولار.

(٣)   الروبل.

جـ العملة المستخدمة في كل منهم هي الفرنك.

س: ما العملة المستخدمة في جمهورية بلغاريا؟

(١)   غلدر.

(٢)   شلن.

(٣)   ليف.

جـ ليف.

س: ما العملة المستخدمة في جمهورية البوسنة والهرسك و اتحاد جمهورية يوغسلافيا، الجبل الأسود ، صربيا

، كوزوفو، جمهورية كرواتيا ، مقدونيا ؟

١) دينار.

٢) فرنك.

٣) مارك.

جـ العملة المستخدمة في كل منهم هي دينار.

س: ما العملة المستخدمة في جمهورية بولندا؟

١) لي.

٢) كرون.

٣) زلوتي.

جـ زلوتي.

س: ما العملة المستخدمة في جمهورية فنلندا؟

١) ماركا.

٢) جنيه.

٣) فرنك.

جـ ماركا.

س: ما العملة المستخدمة في جمهورية قبرص؟

١) روبل.

٢) جنيه.

٣) زلوتي.

جـ جنيه.

س: ما العملة المستخدمة في جمهورية لتوانيا؟

١) روبل.

٢) لت.

٣) كرون.

جـ لت.

س: ما العملة المستخدمة في مملكة هولندا؟

١) مارك

٢) ين

٣) غلدر

جـ غلدر.

س: ما العملة المستخدمة في جمهورية اليونان؟

١) مارك

٢) لير

٣) دارخما

جـ الدارخما .

س: ما العملة المستخدمة في كل من الولايات المتحدة الامريكية وكندا؟

١) الدينار

٢) الدولار

٣) الجنية

جـ الدولار

س: ما العملة المستخدمة في جمهورية الأرجنتين؟

١) بيزو

٢) بوليفار

٣) كولون

جـ بيزو

س: ما العملة المستخدمة في جمهورية الإكوادور؟

١) سوكر

٢) دولار

٣) بيزو

جـ سوكر

س: ما العملة المستخدمة في انتيغوا وباربودا؟

١)   دولار شرق الكاريبي

٢)   دولار أمريكي

٣)   دولار استرالي

جـ دولار شرق الكاريبي

س: ما العملة المستخدمة في جمهورية الإروغواي؟

١)   دولار

٢)   بيزو جديد

٣)   جلدر

جـ بيزو جديد

س ما العملة المستخدمة في باراغواي؟

١)   بيزو.

٢)   سوكر.

٣)   غوراني.

جـ غوراني.

س: ما العملة المستخدمة في جمهورية البرازيل الاتحادية؟

١)   كروزيروجديد.

٢)   دولار.

٣)   بيزو.

جـ كروزيرو جديد.

س: ما العملة المستخدمة في بربادوس،وبليز؟

١)   دولار.

٢)   سوكر.

٣)   بيزو.

جـ الدولار.

س: ما العملة المستخدمة في جمهورية الباناما؟

١) بيزو.

٢) بالبو.

٣) دولار.

جـ بالبو.

س: ما العملة المستخدمة في كومنولث الباهاما؟

١) جلدر.

٢) دولار.

٣) سوك.

جـ الدولار.

س: ما العملة المستخدمة في جمهورية بوليفيا؟

١) بيزو

٢) دولار

٣) بوليفيا

جـ بوليفيانو.

س: ما العملة المستخدمة في جمهورية البيرو ؟

١) سول

٢) البيزد

٣) غوراني

جـ سول .

س: ما العملة المستخدمة في جمهورية تريندا و وتوبا غو، وجمهورية جامايكا ؟

١) الدولار

٢) البيزو

٣) سول

جـ الدولار .

س: ما العملة المستخدمة في الدول التالية : كومنولوث دومنيكا ، اتحـاد سـانت كريستوفر (سانت كيتس) ونيفس ، سانت فنستت وغرنادنيز ، سانت لوتيسيا، ودولة غرينادا؟

١) دولار شرق الكاريبي .

٢) دولار أمريكي .

٣) دولار إسترليني .

جـ دولار شرق البحر الكاريبي .

س: ما العملة المستخدمة في جمهورية الدمينيكان ؟

١) سوكر

٢) بيزد

٣) جلدر

جـ بيزو .

س: ما العملة المستخدمة في جمهورية السلفادور ؟

١) المارك

٢) دولار

٣) كولون

جـ كولون.

س: ما العملة المستخدمة في جمهورية سورينام ؟

١) جلدر

٢) دولار

٣) سول

جـ جلدر .

س: ما العملة المستخدمة في غواتيمالا ؟

١) دولار

٢) كويتزال

(٣)   سوكر

جـ كواتيزال .

س: ما العملة المستخدمة في جمهورية غيانا التعاونيه؟

(١)   دولار

(٢)   بيزو

(٣)   كردزيزد جديد

جـ دولار .

س: ما العملة المستخدمة في جمهرية فنزويلا ؟

(١)   بوليفانو

(٢)   بوليفار

(٣)   بيزد

جـ بوليفار .

س: ما العملة المستخدمة فيكل من جمهورية كوبا ، وجمهورية كولومبيا؟

(١)   جلدر.

(٢)   ين.

(٣)   بيزد.

جـ بيزد.

س: ما العملة المستخدمة في جمهورية كوستاريكا؟

(١)   مارك.

(٢)   فرنك.

(٣)   كولون.

جـ كولون.

س.ما العملة المستخدمة في الولايات المتحدة المكسيكية؟

(١)   جلدر.

(٢)   بيزوجديد.

٣) سول.

جـ بيزو جديد.

س: ما العملة المستخدمة في جمهورية نيكاراغوا؟

١) كويتزال.

٢) كردوبا.

٣) دولار.

جـ كردوبا.

س: ما العملة المستخدمة في جمهورية هايتي؟

١) دولار.

٢) بيزو.

٣) غورد.

جـ غورد.

س: ما العملة المستخدمة في جمهورية هندا روس؟

١) لمبيرا.

٢) كولون.

٣) دولار شرق الكاريبي.

جـ لمبيزا.

س ما العملة المستخدمة في كل من الدول التالية: كومنويلث استراليا، توفالو،جزرسولومون، جمهورية كريباني، جمهورية ناوورو، نيوزيلندا؟

١) دولار استرالي.

٢) بيزو جديد.

٣) تالا.

جـ الدولار الاسترالي.

س ما العملة المستخدمة في مملكة تونغا ؟

١) دولار.

(٢)   بيزو.

(٣)   بانغا.

س ما العملة المستخدمة في دولة ساموا الغربية المستقلة ؟

(١)   تالا.

(٢)   بانغا.

(٣)   كردوبا.

جـ تالا.

س ما العملة المستخدمة في جمهورية فانواتو ؟

(١)   تالا.

(٢)   فاتو.

(٣)   غورد.

جـ فاتو.

س ما العملة المستخدمة في جمهورية فيجي ؟

(١)   دولار شرق الكاريبي .

(٢)   دولار .

(٣)   فاتو.

جـ الدولار.

س ما العملة المستخدمة في الدولتين التاليتين جمهورية جزر المارشال،واتحاد الولايات الميكرونيزية ؟

(١)   دولار استرالي.

(٢)   دولار أمريكي.

(٣)   تالا.

جـ الدولار الأمريكي.

المساحة

س: كم تبلغ مساحة جمهورية الأرجنتين بالكم٢ ؟

١) ٢،٧٧٧ مليون كم٫٢

٢) ٢،٩ مليون كم٢ .

٣) ٣ مليون كم٢ .

جـ ٢،٧٧٧ مليون كم٢ .

س: كم تبلغ مساحة جمهورية الأكوادور؟

١) ٢٨٠ ألف كم٢ .

٢) ٢٧١ ألف كم٢ .

٣) ٢٩٠ألف كم٢ .

جـ .٢٧١ ألف كم٢ .

س كم تبلغ مساحة انتيغوا وباربود ا ؟

١) ٤٤٢ كم.

٢) ٤٣٠كم٢ .

٣) ٤٤١ كم٢ .

جـ ٤٤٢كم ٢ .

س كم تبلغ مساحة جمهورية أراغواي ؟

١) ١٨٧ألف كم٢ .

٢) ١٩٠ألف كم٢ .

٣) ١٧٦ ألف كم٢ .

جـ ١٨٧ ألف كم ٢ .

س كم تبلغ مساحة جمهورية باراغواي ؟

١) ٤٠٧ألف كم٢

٢) ٤٢٠ ألف كم ٢

٣) ٥٢٠ ألف كم٢

جـ ٤٠٧ ألف كم٢ .

س كم تبلغ مساحة جمهورية البرازيل الاتحادية ؟

١)   ٨،٥ مليون كم٢

٢)   ٨مليون كم٢ .

٣)   ٩ مليون كم٢ .

جـ ٨،٥ مليون كم٢ .

س كم تبلغ مساحة بربادوس ؟

١)   ٤٣٨ كم٢ .

٢)   ٤٣٠كم٢ .

٣)   ٥٠٠كم٢ .

جـ ٤٣٠كم٢ .

س كم تبلغ مساحة بليز؟

١)   ٢٣ ألف كم٢ .

٢)   ٢٥ الف كم٢ .

٣)   ٥٠ ألف كم٢ .

جـ ٢٣ الف كم٢ .

س كم تبلغ مساحة جمهورية بنما ؟

١)   ٧٨،٥ ألف كم٢ .

٢)   ٨٣ ألف كم٢ .

٣)   ٩٣ ألف كم٢ .

جـ ٧٨،٥ ألف كم٢ .

س كم تبلغ مساحة كومنولث البهاما ؟

١)   ١٣،٩ ألف كم٢ .

٢)   ١٤،٨ ألف كم٢ .

٣)   ١٥،٨ ألف كم٢ .

جـ ١٣،٩ ألف كم٢ .

س كم تبلغ مساحة جمهورية بوليفيا ؟

س كم تبلغ مساحة جمهورية بوليفيا ؟

١)	١،١ مليون كم٢ .

٢)	١،٥ مليون كم٢ .

٣)	١،٨ مليون كم٢ .

جـ ١،١ مليون كم٢ .

س كم تبلغ مساحة جمهورية البيرو ؟

١)	٢،٠٠ مليون كم٢ .

٢)	١،٢٨ مليون كم٢ .

٣)	١،٥٠ مليون كم٢ .

جـ ١،٢٨ مليون كم٢ .

س كم تبلغ مساحة جمهورية تريندا وتوباغو ؟

١)	٥،١٣ ألف كم٢ .

٢)	٦،١٣ ألف كم٢ .

٣)	٦،٥ ألف كم٢ .

جـ ٥،١٣ ألف كم٢ .

س كم تبلغ مساحة جمهورية تشيلي ؟

١)	٧٥٧ألف كم٢ .

٢)	٧٨٠ ألف كم٢ .

٣)	٧٣٠ ألف كم٢ .

جـ ٧٥٧ ألف كم٢ .

س كم تبلغ مساحة جامايكا ؟

١)	١١،٤٣ ألف كم٢ .

٢)	١١،٨٠٠ الف كم٢ .

٣)	١٢،١ ألف كم٢.

جـ ١١،٤٣ كم٢ .

س كم تبلغ مساحة جمهورية دومنييكا ؟

1) ٨٠٠كم٢,

2) ٧٥١كم٢ .

3) ٩٠٠كم٢.

جـ ٧٥١كم٢.

س كم تبلغ مساحة جمهورية الدومنيكان ؟

1) ٤٩ألف كم٢ .

2) ٤٨ ألف كم٢,

3) ٤٨،٤ الف كم٢.

جـ ٤٨،٤ ألف كم٢.

س كم تبلغ مساحة اتحاد سانت كريستوفر(سانت كيتس ونفيس) ؟

1) ٢٠٠كم٢ .

2) ٢٦١كم٢,

3) ٣٠٠كم٢.

جـ٢٦١كم٢.

س كم تبلغ مساحة سانت فنسنت وغرنادينز ؟

1) ٤٠٠كم٢ .

2) ٣٨٩كم٢,

3) ٢٥٠كم٢.

جـ٣٨٩كم٢.

س كم تبلغ مساحة سانت لوسيا ؟

1) ٧٥٠كم٢,

2) ٧٠٠كم٢ .

3) ٦١٦كم٢.

جـ ٦١٦كم٢.

س كم تبلغ مساحة جمهورية السلفادور ؟

١) ٢١،٥٠٠ ألف كم٢ .

٢) ٢١،٨ألف كم٢،

٣) ٢١،٤ألف كم٢.

حـ ٢١،٤ألف كم٢.

س كم تبلغ مساحة جمهورية سورينام ؟

١) ١٦٤ الف كم٢ .

٢) ١٧٠ الف كم٢،

٣) ١٨٥ ألف كم٢ .

جـ ١٦٤ الف كم٢.

س كم تبلغ مساحة دولة غرينادا ؟

١) ٣٤٥كم٢،

٢) ٤٠٠كم٢،

٣) ٤٥٠كم٢.

جـ ٣٤٥كم٢.

س كم تبلغ مساحة جمهورية غواتيمالا ؟

١) ١٠٩ الف كم٢ .

٢) ١٢٠ الف كم٢،

٣) ١٣٠ ألف كم٢ .

جـ ١٠٩ ألف كم٢.

س كم تبلغ مساحة جمهورية غيانا التعاونية؟

١) ٢١٥ الف كم٢.

٢) ٢٤٠ ألف كم٢،

٣) ٢٣٠كم٢ .

جـ ٢١٥ ألف كم٢ .

س كم تبلغ مساحة فنزويلا ؟

١) ‏١،٩١٢كم٢ .

٢) ‏٩١٣ ألف كم٢ .

٣) ‏٩٢٠ ألف كم٢ .

جـ ‏١،٩١٢ألف كم٢ .

س كم تبلغ مساحة جمهورية كوستاريكا ؟

١) ‏٩،٥١ كم٢ .

٢) ‏٩،٥٠ألف كم٢ .

٣) ‏٩،٥٢ ألف كم٢ .

جـ ‏٩،٥٠ ألف كم٢ .

س كم تبلغ مساحة جمهورية كوبا ؟

١) ‏١١٥ ألف كم٢ .

٢) ‏٥،١١٤ألف كم٢ .

٣) ‏١١٦ ألف كم٢ .

جـ ‏٥،١١٤ ألف كم٢ .

س كم تبلغ مساحة جمهورية كولومبيا ؟

١) ‏٩١٥،١٤١،١ كم٢ .

٢) ‏٥،١مليون كم٢،

٣) ‏٦،١مليون كم٢.

جـ ‏١،١٤١،٩١٥ كم٢.

س كم تبلغ مساحة الولايات المتحدة المكسيكية ؟

١) ‏٩٧٣،١مليون كم٢.

٢) ‏٨،١ مليون كم٢،

٣) ‏٧،١ مليون كم٢.

جـ ‏٩٧٣،١مليونكم٢.

س كم تبلغ مساحة جمهورية نيكاراغوا؟

1) ١٢٨ ألف كم٢ .

2) ١٢٥ ألف كم٢ .

3) ١٤٨ الف كم٢.

جـ ١٤٨ ألف كم٢ .

س كم تبلغ مساحة جمهورية هايتي ؟

1) ٨،٢٥ ألف كم٢ .

2) ٨،٢٧ ألف كم٢ .

3) ٢٧،٠٠ألف كم٢ .

جـ ٨،٢٧ الف كم٢.

س كم تبلغ مساحة جمهورية هندوراس ؟

1) ١٢٠ الف كم٢ .

2) ١١٢،٨٥٠كم٢,

3) ١١٤ الف كم٢.

جـ ١١٢،٨٥٠ كم٢.

س كم تبلغ مساحة كومنويلث استراليا ؟

1) ٧،٦٨٢،٣٠٠كم٢ .

2) ٩ مليون كم .

3) ٧مليون كم .

جـ ٧,٦٨٢,٣٠٠كم٢.

س كم تبلغ مساحة توفالو؟

1) ٢٦كم٢,

2) ٢٧كم٢,

3) ٢٥كم٢.

جـ ٢٥كم.

س كم تبلغ مساحة مملكة تونغا ؟

١) ٦٨٠كم٢ .

٢) ٦٩٩كم٢,

٣) ٦٠٠كم٢.

جـ ٦٩٩كم٢.

س كم تبلغ مساحة دولة ساموا الغربية المستقلة؟

١) ٢,٨٤٠ كم٢ .

٢) ٣,٢٠٠كم٢,

٣) ٣,٤٠٠كم٢.

جـ ٢,٨٤٠كم٢.

س كم تبلغ مساحة جزر سولومون ؟

١) ٢٩,٧٩٠كم٢ .

٢) ٢٩,٨٠٠كم٢,

٣) ٢٩,٣٠٠كم٢.

جـ ٢٩٠،٧٩٠كم٢.

س كم تبلغ مساحة فانواتو؟

١) ١٤,٧٢٠كم٢ .

٢) ١٤,٧٦٥كم٢,

٣) ١٤,٥٠٠كم٢.

جـ ١٤,٧٦٥كم٢.

س كم تبلغ مساحة جمهورية كريباتي ؟

١) ٦٨٤كم٢ .

٢) ٦٥٠كم٢,

٣) ٦٦٠كم٢.

جـ ٦٨٤كم٢.

س كم تبلغ مساحة جمهورية جزر المارشال؟

١)   ١٨٥كم٢ .

٢)   ١٨١,كم٢

٣)   ١٩٠كم٢.

جـ ١٨١كم٢.

س كم تبلغ مساحة جمهورية فيجي؟

١)   ١٨,٣٣٠ كم٢ .

٢)   ١٨,٥٠٠,كم٢

٣)   ١٩,٦٠٠كم٢.

جـ ١٨,٣٣٠كم٢.

س كم تبلغ مساحة الولايات الميكرونيزية؟

١)   ٧١٠كم٢

٢)   ٧٠٢كم٢

٣)   ٧٣٠كم٢

جـ ٧٠٢كم٢.

س كم تبلغ مساحة نيوزلندا؟

١)   ١٥٠،٢٦٥كم٢

٢)   ٢٧٠،١٥٠كم٢

٣)   ٢٨٠،١٥٠كم٢

جـ ٢٦٥,١٥٠كم٢.

س كم تبلغ مساحةالمملكة الأردنية الهاشمية؟

١)   ٨٩,٢٨٧كم٢

٢)   ٨٩,٢٧٠كم٢

٣)   ٩٠,٢٨٧كم٢

جـ ٨٩,٢٨٧كم٢.

س كم تبلغ مساحة جمهورية افغانستان الديمقراطية؟

١) ٦٥٢,٢٢٥كم٢

٢) ٦٥٢,٤٠٠كم٢

٣) ٦٥٢,٧٠٠كم٢

جـ ٦٥٢,٢٢٥كم٢.

س كم تبلغ مساحة الامارات العربية المتحدة؟

١) ٧٥,٨٠٠كم٢

٢) ٧٥,١٥٠كم٢

٣) ٧٥,٦٠٠كم٢

جـ ٧٥,١٥٠كم٢.

س كم تبلغ مساحة جمهورية أندونيسيا؟

١) ١,٩١٩,٤٤٥كم٢

٢) ١,٩٠٠,٠٠٠كم٢

٣) ١,٨٠٠,٠٠٠كم٢

جـ ١,٩١٩,٤٤٥كم٢.

س كم تبلغ مساحة جمهورية اوزباكستان؟

١) ٤٤٧,٧٠٠كم٢

٢) ٤٤٧,٤٠٠كم٢

٣) ٤٤٧,٨٠٠كم٢

جـ ٤٤٧,٤٠٠كم٢.

س كم تبلغ مساحة جمهورية ايران الاسلامية؟

١) ١,٦٤٨,٠٠٠كم٢

٢) ١,٦٩٠,٠٠٠كم٢

٣) ١,٧٠٠,٠٠٠كم٢

جـ ١,٦٤٨,٠٠٠كم٢.

س كم تبلغ مساحة دولة بابوانيوغينيا؟

١) ٤٦٢,٩٠٠كم٢

٢) ٤٦٢,٨٤٠كم٢

٣) ٤٦٢,٥٠٠كم٢

جـ ٤٦٢,٨٤٠كم٢.

س كم تبلغ مساحة جمهورية باكستان الاسلامية؟

١) ٨٠٣,٩٤٠كم٢

٢) ٨١٠,٩٤٠كم٢

٣) ٨١٣,٩٤٠كم٢

جـ ٨٠٣,٩٤٠كم٢.

س كم تبلغ مساحة دولة البحرين؟

١) ٦٢٣كم٢

٢) ٦٦١كم٢

٣) ٦٤٠كم٢

جـ ٦٦١كم٢.

س كم تبلغ مساحة سلطنة بروناي؟

١) ٤,٧٥٦كم٢

٢) ٦,٧٥٦كم٢

٣) ٥,٧٥٦كم٢

جـ ٥,٧٥٦كم٢.

س كم تبلغ مساحة جمهورية ببنغلاديش الشعبية؟

١) ١٤٣,٩٩٩كم٢

٢) ١٥٣,٩٩٩كم٢

٣) ١٥٤,٩٩٩كم٢

جـ ١٤٣,٩٩٩كم٢

س كم تبلغ مساحة مملكة بوتان؟

١) ٤٦,٩٠٠كم٢

٢) ٤٦,٨٠٠كم٢

٣) ٤٦,٦٢٠كم٢

جـ ٤٦,٦٢٠كم٢.

س كم تبلغ مساحة مملكة تايلند؟

١) ٥١٤ ألف كم٢

٢) ٥١٦ ألف كم٢

٣) ٥٢٠ ألف كم٢

جـ ٥١٤ ألف كم٢ .

س كم تبلغ مساحة جمهورية تركمنستان؟

١) ٤٩٠,١٠٠كم٢

٢) ٤٨٨,١٠٠كم٢

٣) ٤٦٠,١٠٠كم٢

جـ ٤٤٨,١٠٠كم٢.

س كم تبلغ مساحة الجمهورية التركية؟

١) ٧٧٩,٤٥٠كم٢

٢) ٧٧٨,٥٠٠كم٢

٣) ٧٨٣,٤٥٠كم٢

جـ ٧٧٩,٤٥٠كم٢.

س كم تبلغ مساحة الجمهورية الروسية؟

١) ١٧,٠٧٨,٠٠٠كم٢

٢) ١٧,٨٠٠,٠٠٠كم٢

٣) ١٧,٩٠٠,٠٠٠كم٢

جـ ١٧,٠٧٨,٠٠٠كم٢

س كم تبلغ مساحة سري لانكا الديمقراطية الشعبية؟

(١)   ٦٥,٣٠٠كم٢

(٢)   ٦٥,٦١٠كم٢

(٣)   ٦٥,٤٠٠كم٢

جـ ٦٥,٦١٠كم٢.

س كم تبلغ مساحة الجمهورية العربية السورية؟

(١)   ١٨٥,٣٠٠كم٢

(٢)   ١٨٥,٦٨٠كم٢

(٣)   ١٨٥,٤٠٠كم٢

جـ ١٨٥,٦٨٠كم٢.

س كم تبلغ مساحة المملكة العربية السعودية؟

(١)   ٢,٦٠٠,١٠٠كم٢

(٢)   ٢,٥٠٠,٦٠٠كم٢

(٣)   ٢,٤٠٠,٩٠٠كم٢

جـ ٢,٤٠٠,٩٠٠كم٢.

س كم تبلغ مساحة سنغافورة؟

(١)   ٦١٦كم٢

(٢)   ٦١٨كم٢

(٣)   ٦١٩كم٢

جـ ٦١٦كم٢.

س كم تبلغ مساحة جمهورية الصين(تايوان)؟

(١)   ٣٥,٥٠٠كم٢

(٢)   ٣٥,٩٩٠كم٢

(٣)   ٣٠,٩٩٠كم٢

جـ ٣٥,٩٩٠كم٢.

س كم تبلغ مساحةجمهورية الصين الشعبية؟

١) ٩,٥٧٩,٠٠٠كم٢

٢) ٩,٦٠٠,٠٠٠كم٢

٣) ٩,٧٠٠,٠٠٠كم٢

جـ ٩,٥٧٩,٠٠٠كم٢.

س كم تبلغ مساحة جمهورية طاجكسستان؟

١) ١٤٣,٣٠٠كم٢

٢) ١٤٣,١٠٠كم٢

٣) ١٤٣,٥٠٠كم

جـ ١٤٣,١٠٠كم٢.

س كم تبلغ مساحة جمهورية العراق؟

١) ٤٣٨,٦٤٥كم٢

٢) ٤٣٨,٧٥٠كم٢

٣) ٤٣٨,٤٤٥كم٢

جـ٤٣٨,٤٤٥كم٢.

س كم تبلغ مساحة سلطنة عمان؟

١) ٢٧١,٩٥٠كم٢

٢) ٢٧٤,٩٥٠كم٢

٣) ٢٧٣,٩٥٠كم٢

جـ٢٧١,٩٥٠كم٢.

س كم تبلغ مساحة جمهورية الفلبين؟

١) ٣٠٠ألف كم٢

٢) ٤٠٠ ألف كم٢

٣) **٥٠٠ألف كم٢**

جـ ٣٠٠ ألف كم٢ .

س كم تبلغ مساحة جمهورية فيتنام الاشتراكية؟

١)   ٣٢٨,٥٦٥كم٢

٢)   ٣٢٩,٥٦٥كم٢

٣)   ٣٢٧,٥٦٥كم٢

جـ٣٢٩,٥٦٥كم٢.

س كم تبلغ مساحة دولة قطر؟

١)   ١١,٠٠٠كم٢

٢)   ١١,٤٣٥كم٢

٣)   ١١,٦٠٠كم٢

جـ ١١,٤٣٥كم٢.

س كم تبلغ مساحة جمهورية كازاخستان؟

١)   ٢,٧١٧,٣٠٠كم٢

٢)   ٢,٣٠٠,٠٠٠كم٢

٣)   ٢,٤٠٠,٠٠٠كم٢

جـ٢,١٧١,٣٠٠كم٢.

س كم تبلغ مساحة جمهورية كمبوديا؟

١)   ١٨٣,٠٠٠كم

٢)   ١٨٢,٠٠٠كم٢

٣)   ١٨١,٠٠٠كم٢

جـ١٨١,٠٠٠كم٢.

س كم تبلغ مساحة جمهورية كوريا الديمقراطية الشعبية؟

١)   ١٣٢,٣١٠كم٢

٢)   ١٢٢,٣١٠كم٢

٣)   ١٤٢,٣١٠كم٢

جـ ١٢٢,٣١٠كم٢

س كم تبلغ مساحة جمهورية كوريا الجنوبية؟

١) ٩٩,٤٤٥كم٢

٢) ٩٨,٦٥٠كم٢

٣) ٩٨,٤٥٠كم٢

جـ ٩٨,٤٥٠كم٢.

س كم تبلغ مساحة دولة الكويت؟

١) ٢٤,٢٨٠كم٢

٢) ٢٤,٩٠٠كم٢

٣) ٢٤,٧٠٠كم٢

جـ ٢٤,٢٨٠كم٢

س كم تبلغ مساحة جمهورية قيرغيزستان؟

١) ١٩٨,٠٠٠كم٢

٢) ١٩٨,٥٠٠كم٢

٣) ١٩٩,٠٠٠كم٢

جـ ١٩٨,٥٠٠كم٢.

س كم تبلغ مساحة جمهورية لاوس الديمقراطية الشعبية؟

١) ٢٣٦,٧٢٥كم٢

٢) ٢٣٦,٠٠٠كم٢

٣) ٢٣٧,٥٠٠كم٢

جـ ٢٣٦,٧٢٥كم٢.

س كم تبلغ مساحة الجمهورية اللبنانية؟

١) ١٠,٥٨٠كم٢

٢) ١٠,٤٠٠كم٢

٣) ١٠,٦٠٠كم٢

جـ ١٠,٤٠٠كم٢.

س كم تبلغ مساحة جمهورية المالديف؟

(١) ٢٩٩كم٢

(٢) ٢٨٠كم٢

(٣) ٢٩٨كم٢

جـ٢٩٨كم٢

س كم تبلغ مساحة اتحاد ماليزيا؟

(١) ٣٣٢,٩٦٥كم٢

(٢) ٣٣٢,٠٠٠كم٢

(٣) ٣٤٠,٠٠٠كم٢

جـ٣٣٢,٩٦٥كم٢.

س كم تبلغ مساحة جمهورية منغولا؟

(١) مليون كم٢

(٢) ٢مليون كم٢

(٣) ١,٥٦٥,٠٠٠كم٢.

جـ١,٥٦٥,٠٠٠كم٢.

س كم تبلغ مساحة اتحاد ميانمار (بورما)؟

(١) ٦٧٨,٠٣٠كم٢

(٢) ٦٩٠,٣٠٠كم٢

(٣) ٦٨٠,٣٠٠كم٢

جـ ٦٧٨,٠٣٠كم٢.

س كم تبلغ مساحة نيبال؟

(١) ١٤٢,٤١٥كم٢

(٢) ١٤١,٤١٥كم٢

(٣) ١٤٣,٤١٥كم٢

جـ١٤١,٤١٥كم٢

س كم تبلغ مساحةجمهورية الهند؟

١) ٣,١ مليونكم٢

٢) ٣,٤كم٢

٣) ٣,١٦٦,٨٣٠كم٢

جـ

س كم تبلغ مساحة اليابان؟

١) ٣٦٩,٧٠٠كم

٢) ٣٨٢,٧٠٠كم٢

٣) ٣٨١,٧٠٠كم٢

جـ ٣٦٩,٧٠٠كم٢.

س كم تبلغ مساحة الجمهورية اليمنية؟

١) ٤٨٧,١٥٥كم٢

٢) ٤٨١,١٥٥كم٢

٣) ٤٨٩,١٥٥كم٢

جـ ٤٨١,١٥٥كم٢.

س كم تبلغ مساحة أذربيجان؟

١) ٨٥,٩٠٠كم٢

٢) ٨٥,٦٠٠كم٢

٣) ٨٥,٨٠٠كم٢

جـ ٨٥,٦٠٠ كم٢.

س كم تبلغ مساحة جمهورية ارمينيا؟

١) ٢٩,٨٠٠كم٢

٢) ٣٠,٨٠٠كم٢

٣) ٣٢,٨٠٠كم٢

جـ ٢٩,٨٠٠كم٢.

س كم تبلغ مساحة جمهورية اثيوبيا؟

١) ١,٥٠٠,٠٠٠كم٢

٢) ١,١٠٤,٣٠٠كم٢

٣) ١,٦٠٠,٠٠٠كم٢

جـ ١,١٠٤,٣٠٠كم٢.

س كم تبلغ مساحة اريتيريا؟

١) ١١٧,٨٠٠كم٢

٢) ١١٧,٦٠٠كم٢

٣) ١١٧,٠٠٠كم٢

جـ ١١٧,٦٠٠كم٢.

س كم تبلغ مساحة جمهورية افريقيا الوسطى؟

١) ٦٢٤,٩٧٥كم٢

٢) ٦٢٤,٠٠٠ كم٢

٣) ٦٢٤,٥٠٠ كم٢

جـ٦٢٤,٩٧٥كم٢.

س كم تبلغ مساحة جمهورية انغولا؟

١) ١,٦٠٠,٠٠٠كم٢

٢) ١,٢٤٦,٧٠٠كم٢

٣) ١,٣٠٠,١٥٠كم٢

جـ ١,٢٤٦,٧٠٠كم٢.

س كم تبلغ مساحة جمهورية اوغنده؟

١) ٢٣٦,٥٨٠كم٢

٢) ٢٣٦,٠٠٠كم٢

٣) ٢٣٨,٠٠٠كم٢

جـ٢٣٦,٥٨٠كم٢

س كم تبلغ مساحة جمهورية بتسوانا؟

١)   ٥٠٠,٣٧٢كم٢

٢)   ٦٠٠,١٥٠كم٢

٣)   ٦٠٠,٣٧٢ كم٢

جـ ٦٠٠,٣٧٢كم٢

س كم تبلغ مساحة جمهورية بنين الشعبية؟

١)   ١١٤,٦٢٠كم٢كم٢

٢)   ١١٢,٦٢٠كم٢

٣)   ١١٣,٦٢٠كم٢

جـ ١١٢,٦٢٠كم٢

س كم تبلغ مساحة جمهورية بوركينا فاسو الديمقراطية الشعبية؟

١)   ٢٧٤,٢٠٠كم٢

٢)   ٢٧٥,٢٠٠كم٢

٣)   ٢٧٦,٢٠٠كم٢

جـ ٢٧٤,٢٠٠كم٢

س كم تبلغ مساحة جمهورية بوروندي؟

١)   ٢٧,٨٣٤كم٢

٢)   ٢٧,٠٠٠كم٢

٣)   ٢٧,٥٠٠كم٢

جـ ٢٧,٨٣٤ كم٢

س كم تبلغ مساحة جمهورية تشاد؟

١)   ١,٣٠٠,٠٠٠كم٢

٢)   ١,٢٨٤,٠٠٠كم٢

٣)   ١,٦٠٠,٠٠٠كم٢

جـ ١,٢٨٤,٠٠٠كم٢

س كم تبلغ مساحة جمهورية تنزانيا المتحدة؟

(١)   ٩٣٩,٧٦٠كم٢

(٢)   ٨٠٠,٧٦٠كم٢

(٣)   ٩٠٠,٧٦٠كم٢

جـ ٩٣٩,٧٦٠كم٢

س كم تبلغ مساحة جمهورية توغو؟

(١)   ٥٦,٠٠٠كم٢

(٢)   ٥٦,٥٠٠كم٢

(٣)   ٥٦,٧٨٥كم٢

جـ ٥٦,٧٨٥كم٢.

س كم تبلغ مساحة الجمهورية التونسية؟

(١)   ١٦٢,١٥٠كم٢

(٢)   ١٦٤,١٥٠كم٢

(٣)   ١٦٣,١٥٠كم٢

جـ ١٦٤,١٥٠كم٢.

س كم تبلغ مساحة الجمهورية الجزائرية الديمقراطية الشعبية؟

(١)   ٢,٣٨١,٧٤٥كم٢

(٢)   ٢,٥٠٠,٦٠٠كم٢

(٣)   ٢,٧٠٠,٣٠٠كم٢

جـ ٢,٣٨١,٧٤٥كم٢

س كم تبلغ مساحة جمهورية جنوب افريقيا؟

(١)   ١,٨٠٠,٠٠٠كم٢

(٢)   ١,١٨٤,٨٢٥كم٢

(٣)   ١,١٠٠,٦٠٠كم٢

جـ ١,١٨٤,٨٢٥كم٢

س كم تبلغ مساحة جمهورية جيبوتي؟

١) ٢٤ ألف كم٢

٢) ٢٣ ألف كم٢

٣) ٢٤,٥ ألف كم٢

جـ٢٣ ألف كم٢.

س كم تبلغ مساحة جمهورية رواندا؟

١) ٢٦,٥٠٠كم٢

٢) ٢٦,٣٣٠كم٢

٣) ٢٧,٣٣٠كم٢

جـ ٢٦,٣٣٠كم٢

س كم تبلغ مساحة جمهورية زائير؟

١) ٢,٣٤٥,٤١٠كم٢

٢) ٢,٣٦٠,٠٠٠كم٢

٣) ٢,٧٠٠,٠٠٠كم٢

جـ ٢,٧٠٠,٠٠٠كم٢

س كم تبلغ مساحة جمهورية زامبيا؟

١) ٧٥٢,٦١٥كم٢

٢) ٧٥٢ ألف كم٢

٣) ٨٠٠كم٢

جـ ٢,٣٤٥,٤١٠ كم٢

س كم تبلغ مساحة جمهورية زمبابوي؟

١) ٣٩١,٣١٠كم٢

٢) ٣٩٠,٣١٠كم٢

٣) ٣٩٢,٣١٠كم٢

جـ٣٩٠,٣١٠كم٢.

س كم تبلغ مساحة جمهورية ساحل العاج(كوت ديفوار)؟

(١)   ٣٣٠,٦٠٠كم٢

(٢)   ٣٣٢,٠٠٠كم٢

(٣)   ٣٢٢,٤٦٥كم٢

جـ ٣٢٢,٤٦٥كم٢

س كم تبلغ مساحة جمهورية ساوتومي وبرنسيب الديموقراطية؟

(١)   ٨٠٠كم٢

(٢)   ٩٠٠كم٢

(٣)   ٩٦٤كم٢

جـ ٩٦٤كم٢.

س كم تبلغ مساحة جمهورية السنغال؟

(١)   ١٩٦,٠٠٠كم٢

(٢)   ١٩٦,٧٢٠كم٢

(٣)   ١٩٦,٥٠٠كم٢

جـ ١٩٦,٧٢٠كم٢.

س كم تبلغ مساحة مملكة سوازيلاند؟

(١)   ١٨,٠٠٠كم٢

(٢)   ١٧,٠٠٠كم٢

(٣)   ١٧,٣٢٥كم٢

جـ ١٧,٣٢٥كم٢.

س كم تبلغ مساحة جمهورية السودان؟

(١)   ٢,٥٠٥,٨١٥كم٢

(٢)   ٢مليون كم٢

(٣)   ٣مليون كم٢

جـ ٢,٥٠٥,٨١٥كم٢

س كم تبلغ مساحة جمهورية سيراليون؟

١) ٧٣,٠٠٠كم٢

٢) ٧٢,٣٢٥كم٢

٣) ٧١,٠٠٠كم٢

جـ ٧٢,٣٢٥كم٢

س كم تبلغ مساحة جمهورية سيشل؟

١) ٤٠٤كم٢

٢) ٣٠٣كم٢

٣) ٥٠٥كم٢

جـ ٤٠٤كم٢

س كم تبلغ مساحة جمهورية الصومال الديموقراطية؟

١) ٦٥٠,٠٠٠كم٢

٢) ٦٣٠,٠٠٠كم٢

٣) ٦٤٠,٠٠٠كم٢

جـ ٦٣٠,٠٠٠كم٢

س كم تبلغ مساحة جمهورية الغابون؟

١) ٢٦٧,٦٦٧كم٢

٢) ٢٦٨,٦٦٧كم٢

٣) ٢٦٩,٦٦٧كم٢

جـ ٢٦٧,٦٦٧كم٢

س كم تبلغ مساحة جمهورية غامبيا؟

١) ١٠ألآف كم٢

٢) ٢٠ألف كم٢

٣) ١٠,٦٩٠كم٢

جـ ١٠,٦٩٠كم٢.

س كم تبلغ مساحة جمهورية غانا؟

1) ٢٣٨,٣٠٥كم٢

2) ٢٣٩,٠٠٠كم٢

3) ٢٣٠,٥٥٠كم٢

جـ ٢٣٨,٣٠٥كم٢

س كم تبلغ مساحة جمهورية غينيا؟

1) ٢٢٠,٨٥٥كم٢

2) ٢٣٠,٨٥٥كم٢

3) ٢٤٥,٨٥٥كم٢

جـ٢٤٥,٨٥٥كم٢

س كم تبلغ مساحة جمهورية غينيا الاستوائية؟

1) ٢٨,٠٥٠ كم٢

2) ٢٧,٠٥٠كم٢

3) ٢٦,٠٥٠كم٢

جـ ٢٨,٠٥٠كم٢

س كم تبلغ مساحة جمهورية غينيا بيساو؟

1) ٣٧,١٨٠كم٢

2) ٣٦,١٢٥كم٢

3) ٣٨,١٤٠كم٢

جـ ٣٦,١٢٥كم٢

س كم تبلغ مساحة جمهورية اتحاد جزر القمر الاسلامية؟

1) ١,٨٦٠كم٢كم٢

2) ١,٦٠٠كم٢

3) ١,٥٠٠كم٢

جـ ١,٨٦٠كم٢

س كم تبلغ مساحة جمهورية الكاميرون؟

١) ٣٧٥,٥٠٠كم٢

٢) ٢٧٥,٥٠٠كم٢

٣) ٤٧٥,٥٠٠كم٢

جـ ٤٧٥,٥٠٠كم٢.

س كم تبلغ مساحة جمهورية الكونغو؟

١) ٣٤٢ ألف كم٢

٢) ٤٤٢ ألف كم٢

٣) ٥٤٢ ألف كم٢

جـ ٣٤٢ ألف كم٢ .

س كم تبلغ مساحة كيبا فيرد؟

١) ٦,٠٠٠كم٢

٢) ٤,٠٣٥كم٢

٣) ٥,٠٣٥كم٢

جـ ٤,٠٣٥كم.

س كم تبلغ مساحة جمهورية كينيا؟

١) ٦٠٠,٠٠كم٢

٢) ٥٨٢,٠٠٠كم٢

٣) ٥٨٢,٦٤٥كم٢

جـ ٥٨٢,٦٤٥كم٢.

س كم تبلغ مساحة الجماهيرية الليبية الشعبية الاشتراكية؟

١) ١,٨٠٠,٥٠٠كم٢

٢) ١,٧٥٩,٥٤٠كم٢

٣) ١,٠٢٠,٣٠٠كم٢

جـ ١,٧٥٩,٥٤٠كم٢.

س كم تبلغ مساحة جمهورية ليبيريا؟

١) ١١١ألف كم٢

٢) ١١١,٨٠٠كم٢

٣) ١١١,٣٧٠كم٢

جـ ١١١,٣٧٠كم٢.

س كم تبلغ مساحة مملكة ليسوتو؟

١) ٣٠,٠٠٠كم٢

٢) ٣٠,٣٤٥كم٢

٣) ٣٠,٨٠٠كم٢

جـ ٣٠,٣٤٥كم٢.

س كم تبلغ مساحة جمهورية مالاوي؟

١) ٩٤,٠٨٠كم٢

٢) ٩٥,٠٨٠كم٢

٣) ٩٦,٠٨٠كم٢

جـ ٩٤,٠٨٠كم٢.

س كم تبلغ مساحة جمهورية مالي؟

١) ٢,٢٤٠,١٤٠كم٢

٢) ١,٢٤٠,١٤٠كم٢

٣) ١,٥٠٠,٥٠٠كم٢

جـ ١,٢٤٠,١٤٠كم٢.

س كم تبلغ مساحة جمهورية مدغشقر؟

١) ٥٣,١٤٠كم٢

٢) ٥٦٠,١٨٠كم٢

٣) ٥٩٤,١٨٠٠كم٢

جـ ٥٩٤,١٨٠كم٢.

س كم تبلغ مساحة جمهورية مصر العربية؟

١) ١,٠٠٠,٢٥٠كم٢

٢) ١,٦٠٠,٢٥٠كم٢

٣) ١,٧٠٠,٢٥٠كم٢

جـ ١,٠٠٠,٢٥٠كم٢.

س كم تبلغ مساحة المملكة المغربية؟

١) ٢٤٦,٥٥٠كم٢

٢) ٤٤٦,٥٥٠كم٢

٣) ٣٤٦,٥٥٠كم٢

جـ ٤٤٦,٥٠٠كم٢

س كم تبلغ مساحة الجمهورية الاسلامية العربية الافريقية الموريتانية؟

١) ١,٩٠٠,٠٠٠كم٢

٢) ١,٨٠٠,٠٠٠كم٢

٣) ١,٠٣٠,٧٠٠كم٢

جـ ١,٠٣٠,٧٠٠كم٢

س كم تبلغ مساحة دولة موريشيوس؟

١) ١,٨٥٦كم٢

٢) ١,٩٤٠كم٢

٣) ١,٦٠٠كم٢

جـ ١,٨٦٥كم٢

س كم تبلغ مساحة جمهورية موزمبيق؟

١) ٨٠٠,٧٥٥كم٢

٢) ٧٨٤,٧٥٥كم٢

٣) ٨٥٠,٧٥٥كم٢

جـ ٧٨٤,٧٥٥كم٢

س كم تبلغ مساحة جمهورية ناميبيا؟

1) ٩٠٠,٢٩٥كم٢

2) ٨٢٤,٢٩٥كم٢

3) ٦٠٠,٢٩٥كم٢

جـ٨٢٤,٢٩٥كم٢

س كم تبلغ مساحةجمهورية النيجر؟

1) ١,١٨٦,٤١٠كم٢

2) ١,٧٠٠,١٤٠كم٢

3) ١,٨٠٠,١٣٠كم٢

جـ ١,١٨٦,٤١٠كم٢.

س كم تبلغ مساحة جمهورية نيجيريا الاتحادية؟

1) ٨٢٣,٨٥٠كم٢

2) ٩٢٣,٨٥٠كم٢

3) ٧٢٣,٨٥٠كم٢

جـ ٩٢٣,٨٥٠كم٢

س كم تبلغ مساحة مملكة اسبانيا؟

1) ٥١٤,٣٠كم٢

2) ٥٠٤,٦٦٠كم٢

3) ٥٠٤,٨٨٠كم٢

جـ ٥٠٤,٨٨٠كم٢

س كم تبلغ مساحة جمهورية استونيا؟

1) ٤٧,١٠٠كم٢

2) ٤٦,١٠٠كم٢

3) ٤٥,١٠٠كم٢

جـ ٤٥,١٠٠كم٢.

س كم تبلغ مساحة جمهورية البانيا؟

١) ٢٨،٧٥٠كم٢

٢) ٢٩،٧٥٠كم٢

٣) ٣٠،٧٥٠كم٢

جـ ٢٨،٧٥٠كم٢.

س كم تبلغ مساحة جمهورية المانيا؟

١) ٣٥٧،٨٦٨كم٢

٢) ٤٥٧،٨٨٨كم٢

٣) ٥٦٥،٨٦٨كم٢

جـ٣٥٧،٨٦٨كم٢.

س كم تبلغ مساحة امارة اندورا؟

١) ٢٦٥كم٢

٢) ٣٦٥كم٢

٣) ٤٦٥كم٢

جـ ٤٦٥كم٢.

س كم تبلغ مساحة جمهورية اوكرانيا؟

١) ٥٣٠،٧٠٠كم٢

٢) ٦٠٣،٧٠٠كم٢

٣) ٤٦٠،٧٠٠كم٢

جـ ٦٠٣،٧٠٠كم٢.

س كم تبلغ مساحة جمهورية ايرلندا؟

١) ٨٩،٨٩٥كم٢

٢) ٦٨،٨٩٥كم٢

٣) ٨٠،٨٩٥كم٢

جـ ٦٨،٨٩٥كم٢.

س كم تبلغ مساحة ايسلندا؟

١) ١١٠,٣٠٠كم٢

٢) ١٠٢,٨٢٠كم٢

٣) ١٤٠,٨٢٠كم٢

جـ ١٠٢,٨٢٠كم٢.

س كم تبلغ مساحة أيطاليا؟

١) ٥٠١,٢٤٥ كم٢

٢) ٤٠١,٢٤٥ كم٢

٣) ٣٠١,٢٤٥ كم٢

جـ ٣٠١,٢٤٥ كم٢ .

س كم تبلغ مساحة جمهورية البرتغال؟

١) ٩٩,٩٤٠كم٢

٢) ٨٨,٩٤٠كم٢

٣) ١٠٠,٩٤٠كم

جـ ٨٨,٩٤٠كم.

س كم تبلغ مساحة المملكة المتحدة لبريطانيا العظمى وشمال ايرلندا؟

١) ٢٤٤,٧٥٥كم٢

٢) ٣٤٠,٨٠٠كم٢

٣) ٥٢٠,٩٠٠كم٢

جـ ٢٤٤,٧٥٥كم٢.

س كم تبلغ مساحة مملكة بلجيكا؟

١) ٣٠,٥١٩كم٢

٢) ٣٣,٥١٩كم٢

٣) ٤٤,٥١٩كم٢

جـ ٣٠,٥١٩كم٢.

س كم تبلغ مساحة بلغاريا؟

١) ٢١٠,٠٠٠كم٢

٢) ١١٠,٩١٠كم٢

٣) ٣٢٠,٣٠٠كم٢

جـ ١١٠,٩١٠كم٢.

س كم تبلغ مساحة جمهورية البوسنة والهرسك؟

١) ٥٣,٣٠٠كم٢

٢) ٥٤,١٣٠كم٢

٣) ٥١,١٣٠كم٢

جـ ٥١,١٣٠كم٢.

س كم تبلغ مساحة جمهورية بولندا؟

١) ٤١٥,٠٠٠كم٢

٢) ٣١٢,٦٨٥كم٢

٣) ٦٢٠,٠٠٠كم٢

جـ ٣١٢,٦٨٥كم٢.

س كم تبلغ مساحة جمهورية التشيك؟

١) ٩١,٨٦٣كم٢

٢) ٧٨,٨٦٣كم٢

٣) ٩٠,٣٠٠كم٢

جـ ٧٨,٨٦٣كم٢.

س كم تبلغ مساحة جمهورية جورجيا؟

١) ٦٩,٧٠٠كم٢

٢) ٨٠,٨٠٠كم٢

٣) ٨٣,٨٠٠كم٢

جـ ٦٩,٧٠٠كم٢.

س كم تبلغ مساحة مملكة الدنمارك؟

١) ٤٦,٠٠٠كم٢

٢) ٤٥,٠٠٠كم٢

٣) ٤٣,٠٧٥كم٢

جـ ٤٣,٠٧٥كم٢.

س كم تبلغ مساحة جمهورية رومانيا؟

١) ٢٣٧,٥٠٠كم٢

٢) ٤٣٨,٥٠٠كم٢

٣) ٣٣٧,٥٠٠كم٢

جـ ٢٣٧,٥٠٠كم٢.

س كم تبلغ مساحة جمهورية سان مارينو؟

١) ٦٩كم٢

٢) ٦٥كم٢

٣) ٦١كم٢

جـ ٦١كم٢

س كم تبلغ مساحة جمهورية سلوفاكيا؟

١) ٤٩,٠٣٦كم٢

٢) ٦٩,٣٠٠كم٢

٣) ٦٢,٤٠٠كم٢

جـ ٤٩,٠٣٦كم٢

س كم تبلغ مساحة جمهورية سلوفينيا؟

١) ٣٠,٣٠٠كم٢

٢) ٢٠,٢٥٠كم٢

٣) ٣٥,٣٥٠كم٢

جـ ٢٠,٢٥٠كم٢

س كم تبلغ مساحة مملكة السويد؟

١) ٤٤٩,٧٩٠كم٢

٢) ٥٠٠,٦٠٠كم٢

٣) ٦٠٠,٣٠٠كم٢

جـ ٤٤٩,٧٩٠كم٢

س كم تبلغ مساحة الاتحاد السويسري؟

١) ٤٢,٢٠٠كم٢

٢) ٤١,٢٨٥كم٢

٣) ٤٢,٣٠٠كم٢

جـ ٤١,٢٨٥كم٢

س كم تبلغ مساحة دولة مدينة الفاتيكان؟

١) ٠,٤٤ كم٢

٢) ٠,٥٥ كم٢

٣) ٠,٦٦ كم٢

جـ ٠,٤٤ كم٢

س كم تبلغ مساحة جمهورية فرنسا؟

١) ٦٠٠,٩٦٥ كم

٢) ٥٤٣,٩٦٥ كم

٣) ٥٠٠,٩٠٠ كم

جـ ٥٤٣,٩٦٥كم

س كم تبلغ مساحة جمهورية فنلندا؟

١) ٠٠,٩٦٥ كم٢

٢) ٤٢٧,٠٣٠ كم ٢

٣) ٣٣٧,٠٣٠ كم٢

جـ ٣٣٧,٠٣٠ كم٢

س كم تبلغ مساحة جمهورية قبرص؟

١)   ٦,٢٥٠ كم٢

٢)   ٩,٢٥٠ كم٢

٣)   ٥,٢٥٠ كم٢

جـ ٩,٢٥٠ كم٢

س كم تبلغ مساحة جمهورية كرواتيا؟

١)   ٥٦,٥٤٠ كم٢

٢)   ٥٩,٦٠٠ كم٢

٣)   ٦٠,٦٠٠ كم٢

جـ ٥٦,٥٤٠ كم٢

س كم تبلغ مساحة جمهورية لاتفيا؟

١)   ٦٣,٧٠٠ كم٢

٢)   ٦٦,٧٠٠ كم٢

٣)   ٦٨,٧٠٠ كم٢

جـ ٦٣,٧٠٠ كم٢

س كم تبلغ مساحة دوقية لوكسمبورغ الكبرى؟

١)   ٥,٩٨٩كم

٢)   ٢,٥٨٥كم

٣)   ٦,٣٠٠كم

جـ

س كم تبلغ مساحة جمهورية ليتوانيا؟

١)   ٧٠,٤٠٠كم٢

٢)   ٦٥,٢٠٠كم٢

٣)   ٤٠,٣٠٠كم٢

جـ ٦٥,٢٠٠كم٢.

س كم تبلغ مساحة إمارة ليشتنشتاين؟

1) ١٩٠كم٢
2) ١٨٠كم٢
3) ١٦٠كم٢

جـ ١٦٠كم٢

س كم تبلغ مساحة جمهورية مالطا؟

1) ٣١٦كم٢
2) ٤١٥كم٢
3) ٦١٣كم٢

جـ ٣١٦كم٢

س كم تبلغ مساحة مقدونيا؟

1) ٢٢,٣٠٠كم٢
2) ٣٣,٨٠٠كم٢
3) ٢٥,٧١٣كم٢

جـ ٢٥,٧١٣كم٢.

س كم تبلغ مساحة جمهورية مولدافيا؟

1) ٣٣,٧٠٠كم٢
2) ٤٤,٨٠٠كم٢
3) ٥٠,٧٢٠كم٢

جـ ٣٣,٧٠٠كم٢.

س كم تبلغ مساحةامارة موناكو؟

1) ٦كم٢
2) ٤كم٢
3) ٢كم٢

جـ٢كم٢.

س كم تبلغ مساحة مملكة النرويج؟

١) ٣٢٣,٨٩٥ كم٢

٢) ٥٢٣,٦٠٠ كم٢

٣) ٤٢٣,٩٠٠ كم٢

جـ ٣٢٣,٨٩٥ كم٢

س كم تبلغ مساحة جمهورية النمسا؟

١) ٨٦,٦٠٠كم٢

٢) ٨٣,٨٥٥كم٢

٣) ٨٧,٩٠٠كم٢

جـ٨٣,٨٥٥ كم٢.

س كم تبلغ مساحة جمهورية هنغاريا (المجر) ؟

١) ٩٣,٠٣٠ كم٢

٢) ٩٨,٠٦٠ كم٢

٣) ٨٠,٠٦٠ كم٢

جـ ٩٣,٠٣٠ كم٢

س كم تبلغ مساحة مملكة هولندا؟

١) ٥٨,١٦٠ كم٢

٢) ٥٠,١٦٠ كم٢

٣) ٤١,١٦٠ كم٢

جـ٤١,١٦٠ كم٢.

س كم تبلغ مساحة جمهورية يوغسلافيا؟

١) ١٠٢,٢١٨ كم٢

٢) ١٢٠,٣١٢ كم٢

٣) ١٣٠,٥١٦ كم٢

جـ ١٠٢,٢١٨ كم٢.

س كم تبلغ مساحة الجبل الأسود(مونتيجرو)؟

١) ١٦,٣٠٠ كم٢

٢) ١٣,٨١٢ كم٢

٣) ١٨,٦٠٠ كم٢

جـ ١٣,٨١٢ كم٢.

س كم تبلغ مساحة صربيا؟

١) ٥٦,٠٠٠ كم٢

٢) ٥٨,٠٠٠ كم٢

٣) ٥٩,٠٠٠ كم٢

جـ ٥٦,٠٠٠ كم٢.

س كم تبلغ مساحة جمهورية اليونان؟

١) ١٣٠,٨٠٠كم٢

٢) ١٦٠,٦٠٠كم٢

٣) ١٣١,٩٨٥كم٢

جـ ١٣١,٩٨٥ كم٢.

س كم تبلغ مساحة الولايات المتحدة الأمريكية؟

١) ١٢ مليون كم٢

٢) ٩,٣٦٣,١٣٠ كم٢

٣) ١١ مليون كم٢

جـ ٩,٣٦٣,١٣٠ كم٢.

س كم تبلغ مساحة كندا؟

١) ٩,٩٧٠,٦١٠ كم٢

٢) ٨مليون كم٢

٣) ٧ مليون كم٢

جـ ٩,٩٧٠,٦١٠ كم٢.

س كم تبلغ مساحة ناورو؟

١) ٢٣ كم٢

٢) ٢٤ كم٢

٣) ٢١ كم٢

جـ ٢١ كم٢.

الموانئ

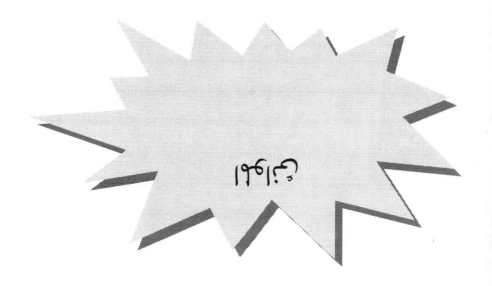

س أين يقع ميناء ليماسول؟

    ١)   لبنان

    ٢)   تركيا

    ٣)   قبرص

جـ قبرص.

س أين يقع ميناء بانياس؟

    ١)   سوريا

    ٢)   الأردن

    ٣)   العراق

جـ سوريا.

س أين يقع ميناء بوجي؟

    ١)   المغرب

    ٢)   تونس

    ٣)   الجزائر

جـ الجزائر

س اين يقع ميناء جدة؟

    ١)   السعودية

    ٢)   الامارات العربية المتحدة

    ٣)   البحرين

جـ السعودية.

س اين يقع ميناء الإبلانا؟

    ١)   البيرو

    ٢)   الأرجنتين

    ٣)   البرازيل

جـ الأرجنتين.

س اين يقع ميناء عصب؟

١) اريتيريا

٢) السودان

٣) الصومال

جـ أرتيريا.

س اين يقع ميناء هونولولو؟

١) جزر هاواي

٢) جزر كارولين

٣) جزر كيريباني

جـ جزر هاواي (جزر الساندويش).

س اين يقع ميناء زيلع؟

١) السودان

٢) الصومال

٣) ليبيا

جـ الصومال

س اين يقع ميناء الدمام؟

١) قطر

٢) السعودية

٣) اليمن

جـ السعودية

س اين يقع ميناء كالي؟

١) فرنسا

٢) بريطانيا

٣) بلجيكا

جـ فرنسا

س اين يقع ميناء ليفربول؟

١) الدنيمارك

٢) فرنسا

٣) بريطانيا

جـ بريطانيا

س اين يقع ميناء نويبع،وميناء بورسعيد؟

١) مصر

٢) الأردن

٣) السعودية

جـ مصر

س أين يقع ميناء حيفا؟

١) فلسطين

٢) لبنان

٣) سوريا

جـ فلسطين

س أين يقع ميناء فلنسيا؟

١) فرنسا

٢) البرتغال

٣) إسبانيا

جـ إسبانيا

س أين يقع ميناء ألا حمدي؟

١) السعودية

٢) الكويت

٣) اليمن

جـ الكويت

س أين يقع ميناء ادليد؟

١) استراليا

٢) نيوزيلنده

٣) إندونيسيا

جـ استراليا

س اين يقع ميناء خور فكان؟

١) الإمارات العربية المتحدة (إمارة الشارقة)

٢) اليمن

٣) البحرين

جـ الإمارات العربية المتحدة (إمارة الشارقة)

س أين يقع ميناء العقبة؟

١) فلسطين

٢) الأردن

٣) مصر

جـ الأردن

س أين يقع ميناء بيروبيس

١) أثينا ــ اليونان

٢) مدريد ــ إسبانيا

٣) لندن ــ بريطانيا

جـ أثينا اليونان

س اين يقع ميناء يوكاهاما؟

١) الفلبين

٢) اليابان

٣) كمبوديا

جـ اليابان

س اين يقع ميناء المكلا؟

١)   عمان

٢)   جيبوتي

٣)   اليمن

جـ اليمن

س أين يقع ميناء الصخيرة؟

١)   ليبيا

٢)   تونس

٣)   الجزائر

جـ تونس

س أين يقع ميناء سينوب؟

١)   اليونان

٢)   إيطاليا

٣)   تركيا

جـ تركيا

س اين يقع ميناء جبل الظنه؟

١)   الإمارات العربية

٢)   عمان

٣)   البحرين

جـ الإمارات العربية المتحدة

س يقع ميناء مرسيليا؟

١)   إيطاليا

٢)   اليونان

٣)   فرنسا

جـ فرنسا

س اين يقع ميناء الفحل(ميناء مطرح)؟

١) عُمان

٢) قطر

٣) البحرين

جـ عُمان .

س اين يقع ميناء مسيعيد؟

١) قطر

٢) البحرين

٣) السعودية

جـ قطر .

س اين يقع ميناء دنكرك؟

١) اسبانيا

٢) فرنسا

٣) البرتغال

جـ فرنسا.

س اين يقع ميناء عدن؟

١) عُمان

٢) جيبوتي

٣) اليمن

جـ اليمن

س اين يقع ميناءبورسودان؟

١) مصر

٢) الصومال

٣) السودان

جـ السودان .

س اين يقع ميناء استمبول؟

١) تركيا

٢) اليونان

٣) ايطاليا

جـ تركيا.

س اين يقع ميناء الاسكندريه؟

١) ليبيا

٢) مصر

٣) السودان

جـ مصر.

س اين يقع ميناء بنزرت؟ مصر

١) مصر

٢) المغرب

٣) ليبيا

جـ ليبيا.

س اين يقع ميناء لوس انجلوس؟

١) كندا

٢) الولايات المتحدة الأمريكية

٣) المكسيك

جـ الولايات المتحدة الأمريكية.

س اين يقع ميناء ديودي جانبرو؟

١) كولومبيا

٢) الأرجنتين

٣) البرازيل

جـ البرازيل.

س اين يقع ميناء منتفيديو؟

١)   الإروغواي

٢)   البيرو

٣)   الارجنتين

جـ الاروغواي.

س اين يقع ميناء ميامي؟

١)   كندا

٢)   كولمبيا

٣)   الولايات المتحدة الامريكية

جـ الولايات المتحدة الأمريكية.

س اين يقع ميناء نيوكاسل؟

١)   نيوزيلنده

٢)   استراليا

٣)   الفلبين

جـ استراليا.

س اين يقع ميناء اللاذقية؟

١)   الاردن

٢)   سوريا

٣)   لبنان

جـ سوريا.

س اين يقع ميناء صيدا؟اليونان

١)   اليونان

٢)   لبنان

٣)   ايطاليا

جـ لبنان.

س اين يقع ميناءالبصرة؟

١) الكويت

٢) السعودية

٣) العراق

جـ العراق.

س اين يقع ميناء بومباي؟

١) ميانمار

٢) الهند

٣) باكستان

جـ الهند.

المطارات

س اين يقع مطارحليم؟

١) اندونيسيا

٢) الفلبين

٣) باكستان

جـ اندونيسيا.

س اين يقع مطار لارنكا؟

١) ايطاليا

٢) قبرص

٣) اليونان

جـ قبرص.

س اين يقع مطار هيثرو؟

١) ايطاليا

٢) لندن- بريطاني

٣) فرنسا

جـ لندن- بريطانيا.

س اين يقع مطارأورلي؟

١) باريس- فرنسا

٢) مدريد-اسبانيا

٣) اثنا-اليونان

جـ باريس-فرنسا.

س اين يقع مطار اوهيرد؟

١) مكسيكوسني-المكسيك

٢) مونتريال-كندا

٣) شيكاغو-الولايات المتحدة الأمريكية

جـ شيكاغو الولايات المتحدة الأمريكية.

س اين يقع مطارالملكة علياء الدولي؟

١) دمشق-سوريا

٢) بيروت-لبنان

٣) عمان-الأردن

جـ عمان-الأردن.

س اين يقع مطار مهر أباد ؟

١) طهران-ايران

٢) اسلام اباد-باكستان

٣) بومباي-الهند

جـ طهران-ايران.

س أين يقع مطارغاليلو؟

١) لندن

٢) بيزا

٣) باريس

جـ بيزا في ايطاليا.

س أين يقع مطار الملك خالد بن عبد العزيز؟

١) جدة

٢) الدمام

٣) الرياض

جـ الرياض.

س أين يقع مطار سانتاكروز؟

١) كراتشي

٢) بومبي

٣) اسلام اباد

جـ بومبي.

س أين يقع مطار شيبول؟

١) امستردام

٢) كوبنهاجن

٣) بودابست

جـ امستردام.

س أين يقع مطار أنفة؟

١) الرباط

٢) الدار البيضاء

٣) طنجه

جـ الدار البيضاء.

س أين يقع مطار ألماظا؟

١) جوبا

٢) بورسودان

٣) الخرطوم

جـ الخرطوم.

س أين يقع مطار كاي تاك؟

١) هونغ كونغ

٢) بنوم بنه

٣) سيؤول

جـ هونغ كونغ.

س أين يقع مطار ارلندا؟

١) بوداست

٢) ستوكهولم

٣) براغ

جـ ستوكهولم.

س أين يقع مطارشارل ديفول؟

١) لندن

٢) باريس

٣) مدريد

جـ باريس.

س أين يقع مطار لاجورديا؟

١) نيويورك

٢) واشنطن

٣) سان فرانسسكو

جـ نيويورك.

س أين يقع مطار نواصير؟

١) مكناس

٢) الرباط

٣) الدار البيضاء

جـ الدار البيضاء.

س أين يقع مطار قلنديا؟

١) يافا

٢) القدس

٣) الخليل

جـ القدس.

س أين يقع مطار ماركا؟

١) الأزرق

٢) عمان

٣) العقبة

جـ ماركا في عمان العاصمة.

س أين يقع مطار كاسترب؟

١) بون

٢) كوبنهاجن

٣) برلين

جـ كوبنهاجن.

س أين يقع مطار الدارالبيضاء؟

١) الجزائر

٢) وهران

٣) تلمسان

جـ الجزائر.

س أين يقع مطار فا؟

١) سيؤل

٢) هونولولو

٣) تاهيتي

جـ تاهيتي.

س أين يقع مطار جاتويك؟

١) ليفربول

٢) لندن

٣) مانشستر سيتي

جـ لندن.

س أين يقع مطار ليوناردودافنشي؟

١) البندقية

٢) جنوه

٣) روما

جـ روما.

س أين يقع مطار تميلوف؟

١) برلين

٢) ميونخ

٣) بون

جـ برلين.

س أين يقع مطار يشيل كوي؟

١) اقرة

٢) انطاكيا

٣) اسطنبول

جـ اسطنبول.

س أين يقع مطار دم دم؟

١) بمباي

٢) كلكتا

٣) مدراس

جـ كلكتا.

س أين يقع مطار اللد؟

١) فلسطين

٢) لبنان

٣) سوريا

جـ فلسطين.

س أين يقع مطار كندي؟

١) ديتروين

٢) نيويورك

٣) بوسطن

ج نيويورك.

س أين يقع مطارالقاهرة؟

١) ليبيا

٢) السودان

٣) مصر

جـ مصر.

س أين يقع مطاردمشق الدولي؟

١) سوريا

٢) لبنان

٣) فلسطين

جـ سوريا.

مواقع
الجبال

س أين تقع جبال ترانسلفانيا؟

١) آسيا

٢) أمريكا الشمالية

٣) أوروبا

جـ أوروبا .

س أين تقع جبال اسكندينافيه ؟

١) أمريكا الشمالية

٢) افريقيا

٣) أوروبا

جـ أوروبا .

س أين تقع جبال تيسيبي ؟

١) الصحراء الكبرى في أفريقيا

٢) صحراء الربع الخالي في آسيا

٣) صحراء ثار في آسيا

جـ الصحراء الكبرى في أفريقيا .

س أين يقع جبل طه وكم يبلغ ارتفاعه؟

١) أوروبا وارتفاعه ٣٠٠٠م

٢) آسيا وارتفاعه ٢٥٠٠م

٣) أفريقيا وارتفاعه ٣٠٠٦م

جـ أفريقيا وارتفاعه ٣٠٠٦م .

س أين يقع جبل نفوسه وكم يبلغ إرتفاعه ؟

١) تونس وارتفاعه ٦٠٠م

٢) ليبيا وارتفاعه ٨٢٥م

٣) مصر وارتفاعه ٨٢٥م

جـ ليبيا وارتفاعه ٨٢٥م .

س أين تقع جبال شيلا وكم يبلغ ارتفاعها؟

١) امريكا الشمالية وارتفاعها ٢٠٠٠م

٢) افريقيا وارتفاعها ٢٢٧٥م

٣) امريكا الجنوبية وارتفاعها ٢٥٠٠م

جـ امريكا الجنوبية وارتفاعها ٢٥٠٠م .

س أين تقع جبال كمباس وكم يبلغ ارتفاعها ؟

١) اقصى جنوب القارة الافريقية وارتفاعها ٢٥٠٠م

٢) شنال القارة الافريقية وارتفاعها ٣٠٠٠م

٣) وسط القارة الافريقية وارتفاعه ٢٠٠٠م

جـ اقصى جنوب القارة الافريقية وارتفاعه ٢٥٠٠م .

س أين يقع جبل سنت كاترين وكم يبلغ ارتفاعه؟

١) مصر وارتفاعه ٢٦٣٧م

٢) ليبيا وارتفاعه ١٦٠٠م

٣) الجزائر وارتفاعه ١٨٠٠م

جـ مصر وارتفاعه ٢٦٣٧م .

س أين تقع جبال الابلاش ؟

١) امريكا الجنوبية

٢) امريكا الشماليه

٣) أوروبا

جـ أمريكا الشمالية .

س أين تقع سلسلة جبال الروكي ؟

١) أمريكا الشمالية

٢) أوروبا

٣) أمريكا الجنوبية

جـ امريكا الشمالية .

س أين تقع سلسلة جبال سيرامادا الشرقية وسلسلة سيرامادير الغربية ؟

1) المكسيك
2) الإكوادور
3) بريطانيا

جـ المكسيك .

س أين تقع جبال الانديز ؟

1) افريقيا
2) آسيا
3) امريكا الجنوبية

جـ أمريكا الجنوبية .

س أين تقع جبال سيرانغادا؟

1) آسيا
2) أمريكا الشماليه
3) أوروبا

جـ أمريكا الشمالية .

س أين تقع جبال مرغريت ؟

1) أوروبا
2) آسيا
3) استراليا

جـ استراليا .

س أين تقع جبال مكدونس ؟

1) أمريكا الشمالية
2) أمريكا الجنوبية
3) استراليا

جـ استراليا

س أين تقع جبال أولاد نائل؟

1) في ليبيا بقارة أفريقيا

2) في اليونان بقارة أوروبا

3) في الجزائر بقارة أفريقيا

جـ في الجزائر بقارة أفريقيا.

س أين تقع جبال الألب الترانسلفانية؟

1) في قارة آسيا

2) قارة أوروبا

3) قاررة أفريقيا

جـ قارة أوروبا.

س أين تقع جبال بندوس؟

1) أمريكا الشمالية

2) أمريكا الجنوبية

3) أوروبا

جـ قارة أوروبا.

س أين تقع جبال أرارات؟

1) تركيا بقارة آسيا

2) إيران بقارة أوروبا

3) اليابان بقارة آسيا

جـ تركيا بقارة آسيا.

س أين تقع جبال تشنلنغ وكم يبلغ ارتفاعها؟

1) الهند بقارة آسيا،ويبلغ ارتفاعها ١٥٠٠م

2) في الصين بقارة آسيا ويبلغ ارتفاعه ٢٠٠٠م

3) في اليونان بقارة أوروبا وارتفاعه ١٨٠٠م

جـ في الصين بقارة آسيا ارتفاعه ٢٠٠٠م.

س أين تقع جبال كون لون؟

١) أفريقيا

٢) أمريكا الجنوبية

٣) آسيا

جـ آسيا.

س أين يقع جبل مون بلان؟

١) أوروبا

٢) أمريكا الشمالية

٣) آسيا

جـ أوروبا.

س أين يقع جبل موسى؟

سوريا

العراق

الأردن

جـ الأردن.

س أين تقع جبل عيبال؟

١) فلسطين

٢) الأردن

٣) ليبيا

جـ فلسطين.

س أين يقع جبل الطور؟

١) السعودية

٢) مصر

٣) فلسطين

جـ مصر.

س أين يقع جبل أبو غنيم؟

١) بيروت

٢) القدس

٣) دمشق

جـ القدس.

س أين يقع جبل القلعة؟

١) عمان

٢) الخليل

٣) كركوك

جـ عمان.

س أين يقع جبل الرحمة ؟

١) الأردن

٢) السعودية

٣) الإمارات

جـ السعودية.

س أين يقع جبل بونت جاك جايا؟

١) كندا

٢) الولايات المتحدة الأمريكية

٣) الهند

جـ الولايات المتحدة الأمريكية.

س أين يقع جبل رم؟

١) العراق

٢) الجزائر

٣) الأردن

جـ الأردن.

س أين يقع جبل عيسى؟

١)   نيوزلندة

٢)   استراليا

٣)   الفلبين

جـ أستراليا.

س أين يقع جبل أولو؟

١)   تركيا

٢)   اليونان

٣)   إيطاليا

جـ تركيا.

س أين يقع جبل المناجاة؟

١)   الهند

٢)   منغوليا

٣)   مصر

جـ مصر.

س أين يقع جبل دخان؟

١)   الإمارات

٢)   البحرين

٣)   السعودية

جـ البحرين.

س أين يقع جبل جرزيم.

١)   العراق

٢)   فلسطين

٣)   سوريا

جـ فلسطين.

س أين يقع جبل الصفصافة؟

١) صحراء سيناء

٢) صحراء الربع الخالي

٣) صحراء ألد هناء

جـ صحراء سيناء.

س أين يقع جبل أذرح؟

١) العراق

٢) الأردن

٣) المغرب

جـ الأردن.

س أين يقع جبل الكر مل؟

١) كركوك

٢) حلب

٣) الناصرة

جـ الناصرة.

س أين يقع جبل العذريات؟

١) السعودية

٢) تونس

٣) الأردن

جـ الأردن.

س أين تقع جبل المصلى ؟

١) الجزائر

٢) السعودية

٣) الأردن

جـ السعودية.

س أين يقع جبل الهادي؟

١)   تونس

٢)   المغرب

٣)   الأردن

جـ الأردن.

س أين يقع جبل الطبيعة؟

١)   اليمن

٢)   السعودية

٣)   الكويت

جـ السعودية.

س أين يقع جبل عون ؟

١)   البحرين

٢)   السودان

٣)   الأردن

جـ الأردن .

س أين يقع جبل يشقر ؟

١)   مصر

٢)   السعوديه

٣)   ليبيا

جـ مصر

س أين يقع الجبل الأخضر ؟

١)   ليبيا

٢)   عُمان

٣)   البحرين

جـ ليبيا ويقع أيضاً جبل يدعى الأخضر في سلطنة عُمان .

س أين يقع جبل المعظم ؟

١)   سوريا

٢)   لبنان

٣)   مصر

جـ مصر .

س أين يقع جبل غزوان

١)   الإمارات

٢)   السعوديه

٣)   قطر

جـ السعوديه .

س أين يقع جبل حفيت؟

١)   تونس

٢)   الامارات

٣)   لبنان

جـ الإمارات .

س أين يقع جبل كوك ؟

١)   استراليا

٢)   نيوزلندا

٣)   أمريكا الشماليه

جـ نيوزلندا .

س أين يقع جبل العرب ؟

١)   لبنان

٢)   سوريا

٣)   المغرب

جـ سوريا .

س أين تقع جبل الشراه؟

١)   السودان

٢)   الأردن

٣)   البحرين

جـ الأردن .

س أين تقع جبال الأوراس

١)   المغرب

٢)   تونس

٣)   الجزائر

جـ الجزائر .

س أين يقع جبل ردفان ؟

١)   الصومال

٢)   اليمن

٣)   السعودية

جـ اليمن .

س أين تقع الجبال الزرقاء ؟

١)   آسيا

٢)   استراليا

٣)   أوروبا

جـ استراليا .

س أين تقع جبال بني عون؟

١)   الهند

٢)   اليابان

٣)   الأردن

جـ الأردن .

س أين تقع جبال البناين ؟

١) فرنسا

٢) ايطاليا

٣) انجلترا

جـ انجلترا .

س أين يقع جبل القرنفل ؟

١) السودان

٢) فلسطين

٣) العراق

جـ فلسطين .

س أين يقع جبل بروش ؟

١) استراليا

٢) أوروبا

٣) أمريكا الجنوبية

جـ استراليا

س أين يقع جبل الجورا ؟

١) ايطاليا وفرنسا والنمسا

٢) فرنسا وسويسرا والمانيا

٣) اليونان والصرب

جـ فرنسا وسويسرا والمانيا .

س أين تقع جبال أطلس ؟

١) جيبوتي

٢) الصومال

٣) المغرب

جـ المغرب .

س أين يقع جبل بنطس ؟

١) الباكستان

٢) تركيا

٣) اليونان

جـ تركيا .

س أين يقع جبل سيرانيغادا وكم يبلغ ارتفاعها ؟

١) البرتغال ٢٦٢٠م

٢) اسبانيا ٣٤٨٠م

٣) اليونان ٣٢١٠م

جـ اسبانيا ويبلغ ارتفاعها ٣٤٨٠م .

س أين تقع جبال الشوف؟

١) موريتانيا

٢) لبنان

٣) العراق

جـ لبنان .

س أين تقع جبال السروات ؟

١) السعوديه

٢) لبنان

٣) سوريا

جـ السعودية .؟

س أين تقع جبال سيرامودينا ؟

١) البرتغال

٢) اسبانيا

٣) فرنسا

جـ اسبانيا .

س أين يقع جبل أثنا وكم يبلغ ارتفاعه ؟

١)   ايطاليا ٣٢٢٠م

٢)   جزيرة صقلية ٣٢٧٩م

٣)   اليونان ٢١١٧م

جـ صقلية ٣٢٧٩م .

س أين يقع جبل سيلا وكم يبلغ ارتفاعه ؟

١)   اليونان ١٨٠٠م

٢)   ايطاليا ١٩٣٠م

٣)   النمسا ١٦٠٠

جـ ايطاليا ١٩٣٠م .

س أين يقع جبل السودا ؟

١)   مورويتانيا

٢)   ليبيا

٣)   جيبوتي

جـ ليبيا .

س أين تقع جبال تلمسان ؟

١)   الصومال

٢)   السودان

٣)   الجزائر

جـ الجزائر .

مدن على الأنهار

س ما اسم النهر الذي تقع عليه مدينة لندن؟

١) التايمز

٢) البو

٣) السين

جـ التاميز.

س ما اسم النهر الذي تقع عليه مدينة باريس؟

١) الرور

٢) السين

٣) الدانوب

جـ السين.

س ما اسم النهر الذي تقع عليه مدينة روما؟

١) الرورعليه مدينة

٢) البو

٣) التيبر

جـ التيبر.

س ما اسم النهر الذي تقع عليه مدينة أثينا؟

١) الدانوب

٢) الراين

٣) الفونجا

جـ الدانوب.

س ما اسم النهر الذي تقع عليه مدينة فلورنسا؟

١) الراين

٢) أرنو

٣) الرور

جـ أرنو.

س ما اسم النهر الذي تقع عليه مدينة كولون؟

١) الراين

٢) الرور

٣) البو

جـ الراين.

س ما اسم النهر الذي تقع عليه مدينة بنوم بنه؟

١) هوانغ هو

٢) النهر الحمر

٣) ميكونغ

جـ ميكونغ.

س ما اسم النهر الذي تقع عليه مدينة لشبونه؟

١) التاجة

٢) الرون

٣) يارا

جـ التاجة.

س ما اسم النهر الذي تقع عليه مدينة رانغون؟

١) جراهما بوترا

٢) السند

٣) إروادي

جـ إر وادي.

س ما اسم النهر الذي تقع عليه مدينة ملبورن؟

١) ميري

٢) دار لنع

٣) يارا

جـ يارا.

س ما اسم النهر الذي تقع عليه مدينة امستردام؟

١)   الفولجا

٢)   ينسي

٣)   أمستل

جـ أمستل.

س ما اسم النهر الذي تقع عليه مدينة بازل؟

١)   الرور

٢)   الراين

٣)   الدانوب

جـ الراين.

س ما اسم النهر الذي تقع عليه مدينة بلغراد؟

١)   الدانوب

٢)   الفولجة

٣)   أوب

جـ الدانوب.

س ما اسم النهر الذي تقع عليه مدينة بودابست؟

١)   الدانوب

٢)   الراين

٣)   السين

جـ الدانوب.

س ما اسم النهر الذي تقع عليه مدينة بون؟

١)   الرور

٢)   الدانوب

٣)   الراين

جـ الراين.

س ما اسم النهر الذي تقع عليه مدينة الخرطوم؟

١)　عطبرة

٢)　التقاء النيا الأزرق بالنيل الأبيض

٣)　سوباط

جـ التقاء النيل الأزرق باالنيل الابيض مكونا أرض الجزيرة.

س ما اسم النهر الذي تقع عليه مدينة القرنة العراقية؟

١)　التقاء نهر دجلة بالفرات

٢)　دجلة

٣)　الفرت

جـ التقاء دجلة بالفرات.

س ما اسم النهر الذي تقع عليه مدينة القاهرة؟

١)　النيل الزرق

٢)　النيل النوبي

٣)　نهر النيل

جـ نهر النيل.

س ما اسم النهر الذي تقع عليه مدينة نيامي؟

١)　الكونغو

٢)　النيجر

٣)　نيجيريا

جـ النيجر.

س ما اسم النهر الذي تقع عليه مدينة الأقصر؟

١)　عطبرة

٢)　سوباط

٣)　نهر النيل

جـ نهر النيل.

س ما اسم النهر الذي تقع عليه مدينة بغداد؟

١) الفرات

٢) دجلة

٣) الزاب الكبير

جـ دجلة.

س ما اسم النهر الذي تقع عليه مدينة كنشاسا؟

١) الكونغو

٢) الاورانغ

٣) النيجر

جـ الكونغو.

س ما اسم النهر الذي تقع عليه مدينة أوسلو؟

١) كلارا

٢) أوب

٣) الفولجا

جـ كلارا.

س ما اسم النهر الذي تقع عليه مدينة أسيوط؟

١) النيل النوبي

٢) نهر النيل

٣) عطبرة

جـ نهر النيل.

س ما اسم النهر الذي تقع عليه مدينة الرمادى؟

١) دجلة

٢)   الفرات

٣)   ديالى

جـ الفرات.

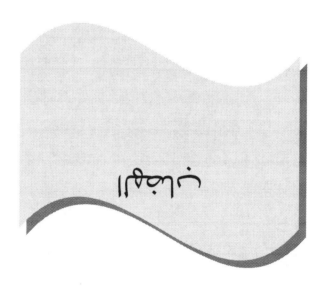

الهضاب

س أين تقع هضبة ايريا ؟

١) آسيا

٢) أوروبا

٣) أمريكا الشمالية

جـ أوروبا .

س أين تقع هضبة الأناضول ؟

١) اليونان

٢) تركيا

٣) سوريا

جـ تركيا .

س أين تقع هضبة الشفوط ؟

١) المغرب

٢) الجزائر

٣) موريتانيا

جـ الجزائر .

س أين تقع هضبة الفالجا؟

١) امريكا الشماليه

٢) أوروبا

٣) آسيا

جـ أوروبا .

س أين تقع هضبة الصين ؟

١) استراليا

٢) نيوزلندا

٣) آسيا

جـ آسيا .

س أين تقع هضبة رودب ؟

١) آسيا

٢) أوروبا

٣) أمريكا الشماليه

ج،. أوروبا ..

س أين تقع هضبة منغولا الداخليه ؟

١) استراليا

٢) امر يكا الجنوبية

٣) آسيا

جـ آسيا .

س أين تقع هضبة لاوس ؟

١) أمريكا الجنوبية

٢) امريكا الشماليه

٣) آسيا

جـ آسيا .

س أين تقع هضبة التبت .

١) أوروبا

٢) أمريكا الجنوبية

٣) آسيا

جـ آسيا .

س أين تقع هضبة الدكن ؟

١) استراليا

٢) نيوزلندا

٣) آسيا

جـ آسيا .

س أين تقع هضبة لورانس ؟

1) امريكا الجنوبية

2) استراليا

3) امريكا الشمالية

جـ اامريكا الشمنالية .

س أين تقع هضبة فنزويلا ؟

1) امريكا الجنوبية

2) امريكا الشمالية

3) اوروبا

جـ امريكا الجنوبية .

س أين تقع هضبة البحيرات

1) افريقيا

2) امريكا الجنوبية

3) آسيا

جـ افريقيا .

س أين تقع هضبة المكسيك ؟

1) استراليا

2) امريكا الشمالية

3) امريكا الجنوبية

جـ امريكا الشمالية .

س أين تقع هضبة البرادور ؟

1) امريكا الجنوبية

2) امريكا الشمالية

3) أوروبا

جـ اميركا الشمالية .

س أين تقع هضبة بتاغونية ؟

١) افريقيا

٢) اوروبا

٣) امريكا الجنوبية

جـ امريكا الجنوبية .

س أين تقع هضبة تبستي ؟

١) امريكا الجنوبية

٢) افريقيا

٣) استراليا

جـ افريقيا .

س أين تقع هضبة ماتوغروسو؟

١) امريكا الجنوبية

٢) امر يكا الشمالية

٣) أوروبا

جـ امريكا الجنوبية .

س أين تقع هضبة أرمينيا ؟

١) أوروبا

٢) آسا

٣) أستراليا

جـ آسيا .

س أين تقع هضبة روسيا الوسطى ؟

١) اوروبا

٢) أمريكا الشمالية

٣) آسيا

جـ أوروبا .

س أين تقع هضبة البرازيل ؟

١) امريكا الشمالية

٢) أستراليا

٣) أمريكا الجنوبية

جـ امريكا الجنوبية .

س أين تقع هضبة إيران ؟

١) اسيا

٢) امريكا الجنوبية

٣) اوروبا

جـ آسيا .

س أين تقع هضبة تشيلي ؟

١) امريكا الجنوبية

٢) امريكا الشمالية

٣) استراليا

جـ امريكا الجنوبية .

س أين تقع هضبة الكونغو ؟

١) آسيا

٢) افريقيا

٣) أوروبا

جـ افريقيا

س أين تقع هضبة غوايانا ؟

١) استراليا

٢) افريقيا

٣) امريكا الجنوبية

جـ امريكا الجنوبية .

س أين تقع هضبة اثيوبيا ؟

١)   افريقيا

٢)   امريكا الجنوبية

٣)   امريكا الشمالية

جـ افريقيا .

س أين تقع الهضبة الجنوبية ؟

١)   افريقيا

٢)   اوروبا

٣)   آسيا

جـ افريقيا .

س أين تقع هضبة بوتشي ؟

١)   امريكا الجنوبية

٢)   امريكا الشمالية

٣)   افريقيا

جـ افريقيا .

س أين تقع هضبة بيهه ؟

١)   امريكا الشمالية

٢)   افريقيا

٣)   امريكا الجنوبية

جـ افريقيا .

س أين تقع صحراء فكتوريا ؟

١)   استراليا

٢)   اوروبا

٣)   آسيا

جـ استراليا .

س أين تقع صحراء ثار ؟

١) استراليا

٢) آسيا

٣) افريقيا

جـ آسيا .

س أين تقع صحراء النقب ؟

١) فلسطين

٢) مصر

٣) الكونغو

جـ فلسطين .

س أين تقع صحراء جبس ؟

١) امريكا الجنوبية

٢) استراليا

٣) أوروبا

جـ استراليا .

س أين تقع صحراء غوبي ؟

١) امريكا الجنوبية

٢) افريقيا

٣) آسيا

جـ آسيا .

س أين تقع صحراء الكبرى ؟

١) افريقيا

٢) امريك االشمالية

٣) امريكا الجنوبية

جـ افر يقيا .

س أين تقع صحراء النفود ؟

١) افريقيا

٢) آسيا

٣) أوروبا

جـ آسيا .

س أين تقع صحراء كلاهاري ؟

١) آسيا

٢) أفريقيا

٣) أوروبا

جـ أفريقيا.

أسماء المدن القديمة

س: ما الاسم القديم لمدينة بيت راس الأردنية؟

١) كابتو ليس

٢) ديوليس

٣) ارابيلا

جـ كابتو ليس.

س: ما الاسم القديم لمدينة بصرى؟

١) تدمر

٢) موسكي

٣) أسكي شام

جـ أسكي شام .

س ما الاسم القديم لمدينة ما ثوبا الأردنية ؟

١) كير ياكوبيس

٢) ماعين

٣) الفصلية

جـ كير ياكوبيس

س ما الاسم القديم لمدينة عدن ؟

١) باب المغرب

٢) تعز

٣) يودا مون

جـ يودا مون

س ما الاسم القديم لمدينة سوف الأردنية ؟

١) ديون

٢) دبا

٣) ريمون

جـ ديون

س ما الاسم القديم لمدينة هنغاريا ؟

١)   فنلندا

٢)   المجر

٣)   سويسرا

جـ المجر

س ما الاسم القديم للسويد ؟

١)   أستكند

٢)   غرينادا

٣)   أسوج

جـ أسواج

س ما الاسم القديم لبولندا ؟

١)   بولونيا

٢)   بولسات

٣)   بولست

جـ بولونيا

س ما الاسم القديم لنهر جيحون ؟

١)   نهر سردانيا

٢)   نهر اور

٣)   نهر اكسوس

جـ نهر اكسوس .

س ما الاسم القديم لمدينة سامراء ؟

١)   الموصل

٢)   بغداد

٣)   سرّ من رأى

جـ سر من رأى .

س ما الاسم القديم لمدينة فاس المغربية ؟

١) مدينة القرويين

٢) مدينة تلمسان

٣) مدينة وهران

جـ مدينة القرويين .

س ما الاسم القديم لمدينة هولندا؟

١) باتا فيا

٢) الأرض المنخفضة

٣) الأنكا

جـ باتا فيا.

س ما الاسم القديم لمدينة بعلبك اللبنانية؟

١) يعبد

٢) مدينة الشمس

٣) هيليابلس

جـ هيليابلس.

س ما الاسم القديم لمدينة الشوبك الأردنية؟

١) جلفار

٢) مونتريال

٣) جدارا

جـ مونتريال.

س ما الاسم القديم لمدينة الرياض؟

١) حجر

٢) الدرعية

٣) نحد

جـ حجر ثم الدرعية.

س ما الاسم القديم لمدينة اللاذقية السورية؟

١) جولي

٢) جوليا

٣) جوال

جـ جوليا.

س ما الاسم القديم لمدينة نابلس الفلسطينية؟

١) جرزيم

٢) جبل النار

٣) شيكيم

جـ شيكيم وقد عنيت بجبل النار

س ما الاسم القديم لمدينة أم قيس الأردنية؟

١) المقوس

٢) جدارا

٣) اربيلا

جـ جدارا.

س ما الاسم القديم لمدينة دمشق؟

١) الشهباء

٢) جلق

٣) بردى

جـ جلق.

س ما الاسم القديم لمدينة جرش الأردنية؟

١) بومبي

٢) مدينة الألف عمود

٣) جراسيا

جـ جراسيا،وأيضا مدينة الألف عمود،وبومبي الشرق.

س ما الاسم القديم لمدينة ذيبان الأردنية؟

١)   ذنابة

٢)   دبون

٣)   ذاب

جـ دبون.

س ما الاسم القديم لمدينة المفرق الأردنية؟

١)   الفدين

٢)   شانيتا

٣)   الأتش تو

جـ   كانت تدعى شانتا ثم الفدين .

س ما الاسم القديم لليابان؟

١)   الشرق الأدنى

٢)   بلاد ما وراء المحيط

٣)   بلاد الواق واق

جـ بلاد الواق واق.

س ما الاسم القديم للأندلس؟

١)   إسبانيا

٢)   فانداليشيا

٣)   البرتغال

جـ فنداليشيا.

س ما الاسم القديم لبحر قز وين؟

١)   بحر ايجة

٢)   بحر الخزر

٣)   بحر مرمرة

جـ بحر الخزر.

س ما الاسم القديم للبحر الأسود؟

١) بحر طربزندة

٢) بحر ايجة

٣) بحر مرة

جـ بحر طربزندة.

س ما الاسم القديم لبحر ايجة ؟

١) بحر مرمرة

٢) بحر فزوين

٣) بحر الأرخبيل

جـ بحر الأرخبيل.

س ما الاسم القديم للبحر المتوسط؟

١) البحر الأسود

٢) بحر الروم

٣) بحر اللاتين

جـ كان يدعى بحر اللاتين ثم بحر الروم .

س ما الاسم القديم لمدينة الموصل العراقية ؟

١) واسط

٢) الكوفة

٣) أم الربيعيين.

س ما الاسم القديم لمدينة بورو الفرنسية؟

١) باريس

٢) بورديل

٣) بورا

جـ بورديل.

س ما الاسم القديم لمدينة عين شمس؟

١) عين سارة

٢) عين زهرة

٣) هيليوبلس

جـ هوليوبلس.

س ما الاسم القديم لمدينة مدغشقر؟

١) موزمبيق

٢) موزارا

٣) مالا غاشي

جـ مالا غاشي.

س ما الاسم القديم لإمارة رأس الخيمة في الإمارات؟

١) صحارى

٢) البريمي

٣) جلفار

جـ جلفار.

س ما الاسم القديم لمدينة البتراء في الأردن؟

١) سلع

٢) المدينة الوردية

٣) تدمر

جـ سلع وكذلك المدينة الوردية.

س ما الاسم القديم لجبل طارق؟

١) أعمدة هرقل

٢) مضيق مسنا

٣) مضيق دوفر

جـ أعمدة هرقل.

س ما الاسم القديم لمدينة القدس؟

١) سوليموس

٢) بيت المقدس

٣) زهرة المدائن

جـ سوليموس، بيت المقدس وزهرة المدائن.

ما الاسم القديم لمدينة الخليل الفلسطينية؟

١) هيبرون

٢) بيت الرحمة

٣) خليل الرحمن

جـ هيبرون.

ما الاسم القديم للبحر الميت؟

١) بحيرة لوط

٢) بحيرة زهر

٣) بحر ايجة

جـ بحيرة زهر وبحيرة لوط.

ما الاسم القديم للبحر الأحمر؟

١) البحر الأسود

٢) بحر القلزم

٣) خليج العقبة

جـ بحر القلزم.

ما الاسم القديم لمدينة السلط الأردنية؟

١) سالتوس

٢) شعيب

٣) بلقاء

جـ سالتوس.

ما الاسم القديم لمدينة جبيل اللبنانية؟

١) بعبدا

٢) بعلبك

٣) بيبلوس

جـ بيبلوس.

ما الاسم القديم لنهر هوانغ هو؟

١) اليانفتسي

٢) النهر الأحمر

٣) النهر الأصفر

جـ النهر أصفر.

س ما الاسم القديم لمدينة الشليف الجزائرية؟

١) الأصنام الجزائرية

٢) تلمسان

٣) وهران

جـ الأصنام الجزائرية.

س ما الاسم القديم لمدينة تدمر السورية؟

١) بصرى

٢) بالميرا

٣) دبون

جـ بالميرا.

ما الاسم القديم للمحيط الأطلسي؟

١) المحيط الباسفيكي

٢) الأطلنطي

٣) بحر الظلمات

جـ بحر الظلمات.

ما الاسم القديم لبحر العرب؟

١) خليج عدن

٢) خليج باب المندب

٣) البحر الأدنى

جـ البحر الأدنى.

ما الاسم القديم لمدينة اربد الأردنية؟

١) اربيلا

٢) أربل

٣) عروس الشمال

جـ أربيلا.

ما الاسم القديم لرأس الرجاء الصالح؟

١) رأس هورب

٢) رأس العواصف

٣) الرأس الأبيض

جـ رأس العواصف.

س ما الاسم القديم لمدينة توليدو؟

١) غرناطة

٢) طليطلة

٣) قرطبة

جـ طليطلة.

س ما الاسم القديم لمدينة تولوز الفرنسية؟

١) طولوشة

٢) باريس

٣) بوردو

جـ طولوشة.

س ما الاسم القديم لتركيا؟

١) ليديا

٢) آسيا الصغرى

٣) الأستانة

جـ ليديا ثم كانت تدعى أيضا آسيا الصغرى

س ما الاسم القديم للملاوي؟

١) نياسلاند

٢) زامبيا

٣) زائير

جـ نياسالاند.

ما الاسم القديم لبنغلادش؟

١) البنغال

٢) باكستان

٣) باكستان

جـ باكستان الشرقية.

ما الاسم القديم لمدينة فينيسيا؟

١) انطاكيا

٢) الأناضول

٣) عروس البحر

جـ عروس البحر.

ما الاسم القديم لمدينة جنوه الإيطالية؟

١) الريفرا

٢) البندقية

٣) الرائعة

جـ الرائعة.

ما الاسم القديم لسيناء؟

١) جبل الطور

٢) جبل السلام

٣) أرض القمر

جـ أرض القمر.

ما الاسم القديم للمدينة المنورة؟

١) يثرب

٢) السلام

٣) الفتح

جـ يثرب.

س ما الاسم القديم لمدينة لينيغراد الروسية؟

١) براغ

٢) برن

٣) سانبا تريسبيرغ

جـ سانبا تريسبيرغ.

س ما الاسم القديم لجيبوتي؟

١) الصومال الفرنسي

٢) أثيوبيا

٣) عفار دعيس

جـ الصومال الفرنسي، وكذلك عفار وعيس.

س ما الاسم القديم لمدينة عمان؟

١) ربة عمون

٢) فيلادلفيا

٣) الحب الأخوي

جـ ربة عمون ثم دعيت باسم فيلادلفيا.

س ما الاسم القديم لمدينة دبا بالإمارات؟

١)   برلين الساحل العماني

٢)   بون الساحل الغربي

٣)   دبين

جـ برلين الساحل العماني.

س ما الاسم القديم لطبريا؟

١)   الناصرة

٢)   بحر الجليل

٣)   جناسر

جـ بحر الجليل، ودعيت بجناسر.

ما الاسم القديم لمدينة الكرك الأردنية؟

١)   كركا

٢)   قرصى

٣)   قير حارس

جـ جميع الأسماء سالفة الذكر.

س ما الاسم القديم لمدينة أبو عبيده الأردنية؟

١)   عمته

٢)   وادي اليابس

٣)   وادي الريان

جـ عمته.

ما الاسم القديم لمدينة طبقة فحل الأردنية؟

١)   أبلا

٢)   أربيلا

٣)   جدارا

جـ أبلا.

س ما الاسم القديم لدولة بوليفيا؟

٢٣٣

١) بيرو

٢) بولانا

٣) بيرو الشمالية

جـ بيرو الشمالية.

س ما الاسم القديم لدولة البحرين؟

١) دالمون

٢) تيلوس

٣) أوال

جـ تيلوس ثم دعيت دالمون ثم أوال.

س ما الاسم القديم لزائير؟

١) الكونغو الفرنسي

٢) الكونغو البلجيكي

٣) هضبة البحيرات

جـ الكونغو البلجيكي.

س ما الاسم القديم لسنغافورة؟

١) تايوان

٢) فربوزا

٣) مدينة الأسود

جـ مدينة الأسود.

س ما الاسم القديم لمدينة فينسيا الإيطالية؟

١) جنوه

٢) الريفيرا

٣) الدوقية الجميلة

جـ الدوقية الجميلة.

س ما الاسم القديم لجزر المالديف؟

١) موزمبيق

٢) شيسل

٣) ديبة المهل

جـ ديبة المهل.

س ما الاسم القديم لأفغانستان؟

١) خرا سان

٢) فارس

٣) إيران

جـ خرا سان.

س ما الاسم القديم لكمبوديا؟

١) خمير

٢) لاوس

٣) منغوليا

جـ خمير.

س ما الاسم القديم لتنزانيا؟

١) زائير

٢) زامبيا

٣) تنجانيفا

جـ تنجانيقا.

س ما الاسم القديم لبلاد النرويج؟

١) بلاد منتصف الليل

٢) اسكندنافية

٣) هولندا

جـ بلاد منتصف الليل.

س ما الاسم القديم لمالي؟

١)   ملاوي

٢)   زائير

٣)   السودان الفرنسي

جـ السودان الفرنسي.

س ما الاسم القديم لألبانيا؟

١)   إيطاليا

٢)   بلاد النسور

٣)   بلاد الأرناؤوط

جـ الأرناؤوط، وبلاد النسور.

س ما الاسم القديم لبورما؟

١)   مونيمار

٢)   ميلانو

٣)   جزر الهند الغربية

جـ مونيمار.

س ما الاسم القديم لسيبيريا؟

١)   بلاد الشرق

٢)   بلاد الشمال

٣)   أقصى الجنوب

جـ بلاد الشمال.

ما الاسم القديم لجزر الفوكلاند؟

١)   ملفينا

٢)   رأس هورن

٣)   رأس العواصف

جـ ملفينا.

ما الاسم القديم لمدينة استنبول؟

١) إسلام بول

٢) دار السعادة

٣) بيزنطة

٤) القسطنطينية

٥) الاستانه

٦) جميع ما ذكر

جـ جميع ما ذكر .

ما الاسم القديم لمدينة حلب؟

١) الشهباء

٢) الحدباء

٣) عاصمة سيف الدولة

جـ الشهباء، وعاصمة سيف الدولة،ثم أخير حلب.

ما الاسم القديم لمدينة البصرة؟

١) عرب

٢) النجراء

٣) واسط

جـ النجراء ثم دعيت بعرب.

ما الاسم القديم لسويسرا؟

١) مملكة الشرق

٢) هلفيستيا

٣) الرائعة

جـ مملكة الشرق،وسميت باسم هليفيسيتا.

ما الاسم القديم لمدينة الجوف؟

١) دومة الجندل

٢) مؤاب

(٣)   عجلون

جـ دومة الجوف.

س ما الاسم القديم لأمستردام؟

(١)   فينسيا الشمال

(٢)   ستوكهولم

(٣)   جوهرة أوروبا

جـ فينسيا الشمال وكذلك جوهرة أوروبا.

ما الاسم القديم لمدينة بانكوك ؟

(١)   لاوس

(٢)   فينسيا الشرق

(٣)   امستردام

جـ فينسيا الشرق.

س ما الاسم القديم لمدينة دبي؟

(١)   الوصل

(٢)   فينسيا الخليج

(٣)   دبا

جـ الوصل،ثم دعيت باسم فينسيا الخليج ثم دبي أخيرا.

س ما الاسم القديم لمدينة هوشي منه؟

(١)   لاوس

(٢)   سايغون

(٣)   بروناي

جـ سايغون.

س ما الاسم القديم لمدينة بروناي؟

(١)   ملايو

(٢)   بورينو

(٣)   جاوة

جـ بورينو.

س ما الاسم القديم لأثيوبيا؟

١)   الحبشة

٢)   إريتريا

٣)   هضبة البحيرات

جـ الحبشة.

س ما الاسم القديم لليونان؟

١)   البلقان

٢)   هيلاس

٣)   مقدونيا

جـ هيلاس.

س ما الاسم القديم للبرازيل؟

١)   بريسيل

٢)   أورغواي

٣)   بتاجونيا

جـ بريسيل.

س ما الاسم القديم لإيران؟

١)   الفيروز

٢)   أرض المدائن

٣)   ساسان

جـ ساسان.

س ما الاسم القديم لمدينةهراري؟

١)   سالزبوري

٢)   سانوري

(٣) هيلانو

جـ سالزبوري.

س ما الاسم القديم لفرنسا؟

(١) بلاد الغال

(٢) إمبراطورية الفالس

(٣) البرانس

جـ بلاد الغال ثم دعيت بإمبراطورية الفالس.

س ما الاسم القديم لمدينة طرابلس؟

(١) قاراقميش

(٢) بانياس

(٣) صيدا

جـ قاراقميش.

س ما الاسم القديم لمدينة الجزائر؟

(١) تلمسان

(٢) مزغنه

(٣) وهران

جـ مزغنة.

س ما الاسم القديم لمدينة مؤته؟

(١) المزار

(٢) هاموتا

(٣) مؤاب

جـ هاموتا.

س ما الاسم القديم لاستراليا؟

(١) جزر الهند الغربية

(٢) جزر الانتيل

٣) هولندا الجديدة

جـ هولندا الجديدة.

س ما الاسم القديم لجزيرة زنجبار؟

١) جزيرة البهارات

٢) جزيرة العاج

٣) جزيرة الهال

جـ جزيرة البهارات.

س ما الاسم القديم لمدينة زحلة اللبنانية؟

١) جارة الوادي

٢) البقاع

٣) صور

جـ جارة الوادي.

س ما الاسم القديم لمصر؟

١) أرض الكنانة

٢) بلاد الطور

٣) بلاد النوبة

جـ أرض الكنانة.

س ما الاسم القديم لموريتانيا؟

١) الصحراء الموريتانية

٢) شنقيط

٣) الصحراء الكبرى

جـ بلاد شنقيط.

س ما الاسم القديم لمدينة طبرق الليبية؟

١) سيدي بلعباس

٢) بنزرت

٣) سيدي رزق

جـ سيدي رزق.

س ما الاسم القديم لجزيرة كريت؟

١) صقلية

٢) سردينيا

٣) اقريطش

جـ اقريطش.

س ما الاسم القديم لمدينة يافا الفلسطينية؟

١) يافي

٢) يوبا

٣) جوبا

جـ يافي،يوبا،وجوبا أي كل الأسماء الواردة.

س ما الاسم القديم لمدينة أم الجمال الأردنية؟

١) الجفر

٢) الاجفور

٣) كانات

جـ كانات.

س ما الاسم القديم لمدينة طويلبه الأردنية؟

١) مقوس

٢) أدوم

٣) أبيها

جـ أبيها.

س ما الاسم القديم لمدينة بصيرا الأردنية؟

١) أدوم

٢) الطفيلة

٣) جرف الدراويش

جـ أدوم.

س ما الاسم القديم لزيمبابوي؟

١) روديسيا

٢) بوركينا

٣) زائير

جـ روديسيا.

س ما الاسم القديم لزامبيا؟

١) تنزانيا

٢) زائير

٣) روديسيا الشمالية

جـ روديسيا الشمالية.

س ما الاسم القديم لمدينة نيويورك؟

١) واشنطن

٢) نيونذرلاند

٣) التفاحة الكبيرة

جـ نيونذرلاند، وكانت تدعى أيضا التفاحة الكبيرة.

س ما الاسم القديم لمدينة باريس؟

١) لوتينيا

٢) ماديرا

٣) فرساي

جـ لوتينيا.

س ما الاسم القديم لاسكتلندا؟

١) ايرلندا

٢) كاليدونيا

٣) انجلترا

جـ كاليدونيا

س ما الاسم القديم لمدينة مدريد؟

١) مجريط

٢) قرطبة

٣) غرناطة

جـ مجريط.

س ما الاسم القديم لإسبانيا؟

١) أيبيريا

٢) بلاد ترشيش

٣) الأندلس

جـ بلاد ترشيش.

س ما الاسم القديم لمدينة لسيري لانكا؟

١) سرنديب

٢) سيلان

٣) سيام

جـ سرنديب ثم دعيت أيضا سيلان.

س ما الاسم القديم لفنلندا؟

١) بلاد بوثينا

٢) بلاد الأنكا

٣) سومى تاسافلتا

جـ سومى تاسافلتا.

س ما الاسم القديم لمدينة ويلنعتون في نيوزيلندا؟

١) بريتانيا

٢) لاهور

٣) هاواي

جـ بريتانيا.

س ما الاسم القديم لمضيق جبل طارق؟

١) بحر الزقاق

٢) مضيق طنجة

٣) مضيق منا

جـ بحر الزقاق.

س ما الاسم القديم لمدينة روما؟

١) البندقية

٢) سان مارينو

٣) المدينة الخالدة

جـ المدينة الخالدة.

س ما الاسم القديم لإندونيسيا؟

١) جزيرة سومطرة

٢) جزر الهند الشرقية الهولندية

٣) جزيرة جاوة

جـ جزر الهند الشرقية الهولندية.

س ما الاسم القديم لبوركينا فاسو؟

١) فولتا العليا

٢) ساحل العاج

٣) بلوغينيا

جـ فولتا العليا.

س ما الاسم القديم لكونت دي فوار؟

١) ساحل الذهب

٢) ساحل العاج

(٣) ساحل غانا

جـ ساحل العاج.

س ما الاسم القديم للهند؟

(١) باكستان

(٢) جوهرة الإمبراطورية البريطانية

(٣) نيبال

جـ جوهرة الامبراطورية البريطانية.

س ما الاسم القديم لمدينة تلمسان الجزائرية؟

(١) وهران

(٢) عنابة

(٣) غرناطة الافريقية

جـ غرناطة الافريقية.

س ما الاسم القديم لمدينة عكا الفلسطينية؟

(١) عكو

(٢) الجزار

(٣) الجليل

جـ عكو.

س ما الاسم القديم لمدينة الزرقاء الأردنية؟

(١) زرقاء ماعين

(٢) صارقي

(٣) يبوق-المدينة التي تقع على النهر المفرغ.

جـ صارقي،وكانت تدعى أيضا يبوق ومعناها المدينة التي تقع على النهر المفرغ وهو نهر الزرقاء ويفرع مـن نهر الأردن .

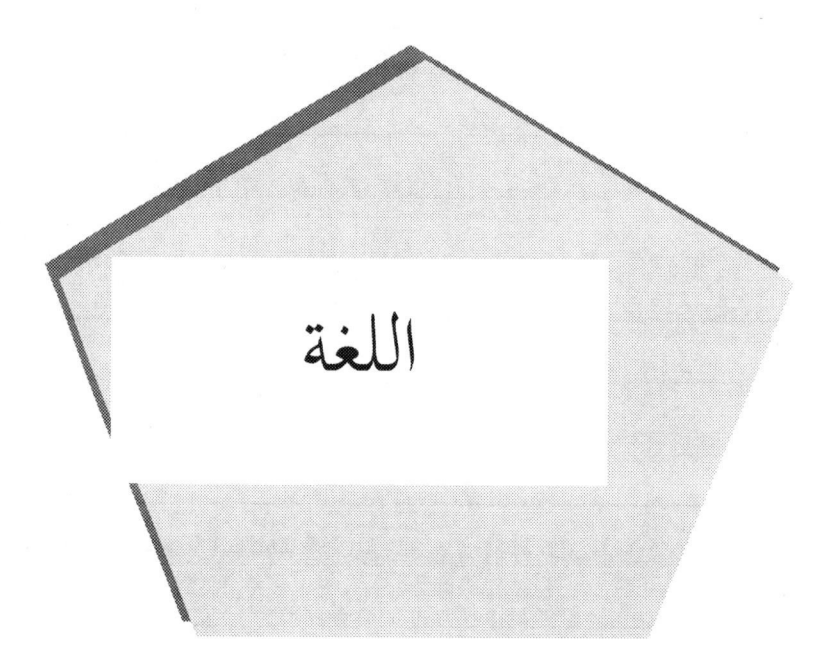

اللغة

س ما اللغة الرسمية المستخدمة في الأردن؟

١) الإنجليزية

٢) الفرنسية

٣) العربية

جـ العربية

س ما اللغة الرسمية المستخدمة في أرمينيا ؟

١) الأرمينية

٢) الفرنسية

٣) اليونانية

جـ الأرمينية

ما اللغة الرسمية المستخدمة في أسبانيا؟

١) الإسبانية

٢) اليونانية

٣) الأرمنية

جـ الاسبانية

س ما اللغة الرسمية المستخدمة في استراليا، ومكيرونيزيا؟

١) الفرنسية

٢) الإنجليزية

٣) العربية

جـ الإنجليزية.

س ما اللغة الرسمية المستخدمة في أفغانستان؟

١) الروسية

٢) البوشتو،الطاجيك،التركية

٣) الفرنسية

جـ البوشتو،والطاجيك والتركية.

س ما اللغة الرسمية المستخدمة في الإكوادور؟

١) الإنجليزية

(٢) الإسبانية

(٣) الفرنسية

جـ الإسبانية.

س ما اللغة الرسمية المستخدمة في ألبانيا؟

(١) إيطالية

(٢) نورماندية

(٣) الألبانية واليونانية

جـ الألبانية واليونانية.

س ما اللغة الرسمية المستخدمة في ألمانيا والنمسا؟

(١) الألمانية

(٢) الفرنسية

(٣) الهولندية

جـ الألمانية.

س ما اللغة الرسمية المستخدمة في الإمارات العربية المتحدة؟

(١) الفرنسية

(٢) الانجليزية

(٣) العربية

جـ العربية.

س ما اللغة الرسمية المستخدمة في انتيغوا وبربودا؟

(١) الإنجليزية

(٢) الفرنسية

(٣) إيطالية

جـ الإنجليزية.

س ما اللغة الرسمية المستخدمة في أندورا؟

(١) الكاتالانية

٢) عربية

٣) سواحلية

جـ الكاتالانية.

س ما اللغة الرسمية المستخدمة في إندونيسيا؟

١) الهندية

٢) الملايوية

٣) الهولندية

جـ الملاوية.

س ما اللغة الرسمية المستخدمة في انغولا،وكيب فيردي؟

١) الهندية

٢) البرتغالية

٣) الروسية

جـ البرتغالية.

س ما اللغة الرسمية المستخدمة في الاروغواي؟

١) الإسبانية

٢) الإنجليزية

٣) الفرنسية

جـ الإسبانية.

س ما اللغة الرسمية المستخدمة في أوزبكستان؟

١) بوشيه

٢) الاوزبكية والروسية

٣) الملاوية

جـ الاوزبكية والروسية.

س ما اللغة الرسمية المستخدمة في أوغندة،كيرباني،ليستو؟

١) الفرنسية

٢) الإسبانية

٣) الإنجليزية

جـ الإنجليزية.

س ما اللغة الرسمية المستخدمة في أوكرانيا؟

١) كرواتية

٢) الأوكرانية

٣) هندية

جـ الأوكرانية.

س ما اللغة الرسمية المستخدمة في إيران؟

١) الفارسية

٢) الروسية

٣) العربية

جـ الفارسية.

س ما اللغة الرسمية المستخدمة في ايرلنده؟

١) إيطالية

٢) الإنجليزية والايرلندية

٣) الفرنسية

جـ الإنجليزية والايرلندية.

س ما اللغة الرسمية المستخدمة في ايريتيريا؟

١) الفارسية

٢) الأمهرية والعربية

٣) الروسية

جـ الأمهرية والعربية

س ما اللغة الرسمية المستخدمة في استونيا؟

١) الروسية والاستونية

٢)   اليونانية

٣)   الفارسية

جـ الروسية والاستونية.

س ما اللغة الرسمية المستخدمة في إيطاليا؟

١)   الفرنسية

٢)   الإيطالية

٣)   اليونانية

جـ **الإيطالية.**

س ما اللغة الرسمية المستخدمة في بابواغينيا الجديدة؟

١)   الفرنسية

٢)   الإنجليزية

٣)   اليونانية

جـ **الإنجليزية.**

س ما اللغة الرسمية المستخدمة في باربادوس؟

١)   الإنجليزية

٢)   الإيطالية

٣)   السويدية

جـ **الإنجليزية.**

س ما اللغة الرسمية المستخدمة في باراغواي؟

١)   الإنجليزية

٢)   الإسبانية

٣)   الفرنسية

جـ **الإسبانية.**

س ما اللغة الرسمية المستخدمة في الدول العربية؟

١)   الإيطالية

٢) الإنجليزية

٣) العربية

جـ العربية.

س ما اللغة الرسمية المستخدمة في دول أمريكا الجنوبية،ماعدا البرازيل؟

١) الهولندية

٢) الإسبانية

٣) البرتغالية

جـ الإسبانية.

س ما اللغة الرسمية المستخدمة في البرازيل؟

١) الإسبانية

٢) البرتغالية

٣) الإنجليزية

جـ البرتغالية.

س ما اللغة الرسمية المستخدمة في الصين وتايوان؟

١) الهندية

٢) الماندرين

٣) اليابانية

جـ الماندرين.

س ما اللغة الرسمية المستخدمة في سيلان؟

١) السنهالية

٢) الهندية

٣) الإيطالية

جـ السنهالية.

س ما اللغة الرسمية المستخدمة في جزر الكناري؟

١) الإنجليزية

٢) الفرنسية

٣) السلبو

جـ لسلبو

س ما اللغة الرسمية المستخدمة في جزر القمر؟

١) العربية والقمرية

٢) الإنجليزية

٣) الفرنسية

جـ العربية والقمرية.

س ما اللغة الرسمية المستخدمة في الصومال؟

١) العربية والصومالية

٢) الإنجليزية

٣) الفرنسية

جـ العربية والصومالية.

س ما اللغة الرسمية المستخدمة في موريتانيا؟

١) الإنجليزية

٢) الإيطالية

٣) العربية والحسانية.

جـ العربية والحسانية.

س ما اللغة الرسمية المستخدمة في بلجيكا؟

١) الإيطالية

٢) اليونانية

٣) الفرنسية والألمانية والفلمنكية

جـ الفرنسية والألمانية والفلمنكية.

س ما اللغة الرسمية المستخدمة في سويسرا؟

١) الإنجليزية

٢)	الألمانية والفرنسية الإيطالية والرومانية

٣)	اليونانية

جـ اللغات المستخدمة الألمانية والفرنسية الإيطالية والرومانية.

س ما اللغة الرسمية المستخدمة في لوكسمبرغ، مالي، موناكو؟

١)	الفرنسية

٢)	الإيطالية

٣)	اليونانية

جـ الفرنسية.

س ما اللغة الرسمية المستخدمة في جنوب أفريقيا، نامبيا؟

١)	الفرنسية

٢)	الإيطالية

٣)	الافريكانز والإنجليزية

جـ الافريكانز والإنجليزية.

س ما اللغة الرسمية المستخدمة في باكستان؟

١)	الاوردية والنبجابية والبوشتاوية

٢)	الفرنسية

٣)	الإنجليزية

جـ الاوردية والبنجابية والبوشتاوية.

س ما اللغة الرسمية المستخدمة في غويانا وفيجي؟

١)	إيطالية

٢)	فرنسية

٣)	إنجليزية

جـ الإنجليزية.

س ما اللغة الرسمية المستخدمة في فرنسا؟

١)	يونانية

(٢)   فرنسية

(٣)   إنجليزية

جـ الفرنسية.

س ما اللغة الرسمية المستخدمة في فنلندا؟

(١)   هولندية

(٢)   الفنلندية والسويدية

(٣)   الإيطالية

جـ الفنلندية والسويدية.

س ما اللغة الرسمية المستخدمة في فيتنام؟

(١)   الفرنسية

(٢)   الإيطالية

(٣)   الفيتنامية والصينية

جـ الفيتنامية والصينية.

س ما اللغة الرسمية المستخدمة في الفلبين؟

(١)   الفرنسية

(٢)   الإيطالية

(٣)   الفليبينية والإنجليزية

جـ الفليبينية والإنجليزية.

س ما اللغة الرسمية المستخدمة في قبرص؟

(١)   الإيطالية

(٢)   الفرنسية

(٣)   اليونانية والتركية

جـ اليونانية والتركية.

س ما اللغة الرسمية المستخدمة في قرغيزستان؟

(١)   الكرواتية

٢)	القرغيزية والروسية

٣)	الأوكرانية

جـ القرغيزية والروسية.

س ما اللغة الرسمية المستخدمة في كازاخستان؟

١)	الفرنسية

٢)	الإنجليزية

٣)	الكازخية والروسية

جـ الكازخية والروسية.

س ما اللغة الرسمية المستخدمة في الكاميرون؟

١)	الإيطالية

٢)	الإنجليزية وفرنسية

٣)	الروسية

جـ الإنجليزية والفرنسية.

س ما اللغة الرسمية المستخدمة في كرواتيا؟

١)	الإيطالية

٢)	اليونانية

٣)	الكرواتية والتركية

جـ كرواتية وتركية.

س ما اللغة الرسمية المستخدمة في كمبوديا؟

١)	الإيطالية

٢)	الخمير

٣)	الفرنسية

جـ الخمير

س ما اللغة الرسمية المستخدمة في كندا؟

١)	الإيطالية

٢) الهولندية

٣) الفرنسية والإنجليزية

جـ **الإنجليزية والفرنسية.**

س ما اللغة الرسمية المستخدمة في كوبا كوستاريكا، كولومبيا؟

١) الإسبانية

٢) الفرنسية

٣) الإنجليزية

جـ **الإسبانية.**

س ما اللغة الرسمية المستخدمة في كوريا الجنوبية وكوريا الشمالية؟

١) الفرنسية

٢) الإنجليزية

٣) الكورية

جـ **الكورية.**

س ما اللغة الرسمية المستخدمة في الكونغو؟

١) الإيطالية

٢) اليونانية

٣) الفرنسية،والكنغولية

جـ **فرنسية وكونغولية.**

س ما اللغة الرسمية المستخدمة في كينيا،وليبيريا،وملاوي؟

١) الإيطالية

٢) السواحلية وإنجليزية

٣) الرومانية

جـ **سواحلية وإنجليزية.**

س ما اللغة الرسمية المستخدمة في لاتفيا؟

١) الرومانية

٢)   الهولندية

٣)   اللاتيفية، والليوتانية، والروسية

جـ اللاتيفية والليوتانية وروسية.

س ما اللغة الرسمية المستخدمة في لاوس؟

١)   الإيطالية

٢)   اللاوية، والفرنسية والإنجليزية

٣)   يونانية

جـ اللاوية والفرنسية والإنجليزية .

س ما اللغة الرسمية المستخدمة في لتوانيا؟

١)   الإنجليزية

٢)   الفرنسية

٣)   الليتوانية، والبولونية والروسية

جـ الليتوانية والبولونية والروسية.

س ما اللغة الرسمية المستخدمة في مقدونيا؟

١)   الإنجليزية

٢)   الرومانية

٣)   المقدونية والألبانية والتركية

جـ المقدونية والألبانية والتركية.

س ما اللغة الرسمية المستخدمة في المالديف؟

١)   الفرنسية

٢)   السنهالية

٣)   الرومانية

جـ السنهالية.

س ما اللغة الرسمية المستخدمة في مالطا؟

١)   روسية

(٢)   صينية

(٣)   المالطية والإنجليزية

جـ المالطية والإنجليزية.

س ما اللغة الرسمية المستخدمة في ماليزيا؟

(١)   بولونية

(٢)   رومانية

(٣)   الملايوية

جـ الملايوية.

س ما اللغة الرسمية المستخدمة في مدغشقر؟

(١)   الإنجليزية

(٢)   الملاغاشية والفرنسية

(٣)   الإيطالية

جـ الملاغاشية والفرنسية.

س ما اللغة الرسمية المستخدمة في المكسيك؟

(١)   الإيطالية

(٢)   الهولندية

(٣)   الإسبانية والأمرندية

جـ الإسبانية والامرندية.

س ما اللغة الرسمية المستخدمة في المملكة المتحدة (بريطانيا)

(١)   الرومانية

(٢)   الإنجليزية والاسكتلندية

(٣)   الروسية

جـ الإنجليزية والاسكتلندية.

س ما اللغة الرسمية المستخدمة في منغوليا؟

(١)   الإنجليزية

(٢) الفرنسية

(٣) المنغولية

جـ المنغولية.

س ما اللغة الرسمية المستخدمة في موزمبيق؟

(١) البرتغالية

(٢) الإسبانية

(٣) الروسية

جـ البرتغالية.

س ما اللغة الرسمية المستخدمة في مولدوفيا؟

(١) الإنجليزية

(٢) الفرنسية

(٣) المولدوفية والروسية

جـ المولدوفية والروسية.

س ما اللغة الرسمية المستخدمة في ميانمار؟

(١) الإنجليزية

(٢) الرومانية

(٣) البورمية

جـ البورمية.

س ما اللغة الرسمية المستخدمة في نادورو؟

(١) الإنجليزية

(٢) لغة نارو

(٣) برتغالية

جـ لغة نارو.

س ما اللغة الرسمية المستخدمة في النرويج؟

(١) الإيطالية

(٢) اليونانية

(٣) النرويجية

جـ النرويجية.

س ما اللغة الرسمية المستخدمة في نيبال؟

(١) السويدية

(٢) الفنلندية

(٣) النيبالية

جـ النيبالية.

س ما اللغة الرسمية المستخدمة في النيجر؟

(١) الرومانية

(٢) الفرنسية والهاوسا

(٣) الإيطالية

جـ الفرنسية والهاوسا.

س ما اللغة الرسمية المستخدمة في نيجيريا؟

(١) الفرنسية

(٢) الإسبانية

(٣) الإنجليزية والهاوسا

جـ الإنجليزية والهاوسا.

س ما اللغة الرسمية المستخدمة في نيوزيلندة؟

(١) الإنجليزية والحادرية

(٢) الفرنسية

(٣) الإيطالية

جـ الإنجليزية والحادرية.

س ما اللغة الرسمية المستخدمة في هايتي؟

(١) الإيطالية

٢) اليونانية

٣) الفرنسية والكريولية.

جـ الفرنسية والكريولية.

س ما اللغة الرسمية المستخدمة في الهند؟

١) الروسية

٢) ١٦ لغة منها الهندية والإنجليزية

٣) الإسبانية

جـ ١٦ لغة منها الهندية الإنجليزية.

س ما اللغة الرسمية المستخدمة في هنغارية

١) الإنجليزية

٢) الرومانية

٣) الهنغارية

جـ الهنغارة .

س ما اللغة الرسمية المستخدمة في هولندا؟

١) الهولندية

٢) الإنجليزية

٣) الفرنسية

جـ الهولندية .

س ما اللغة الرسمية المستخدمة في الولايات المتحدة الأمريكية؟

١) الروسية

٢) الإنجليزية و اللغات الرومانية

٣) الكرواتية

جـ الإنجليزية والغاتالرومانية .

س ما اللغة الرسمية المستخدمة في اليابان؟

١) اليونانية

(٢)   اليابانية

(٣)   الإيطالية

جـ اليابانية

س ما اللغة الرسمية المستخدمة في اليونان

(١)   الإنجليزية

(٢)   الفرنسية

(٣)   اليونانية

جـ اليونانية.

س ما اللغة الرسمية المستخدمة في ألباناما؟

(١)   الإنجليزية

(٢)   الإسبانية

(٣)   الفرنسية

جـ الإسبانية

س ما اللغة الرسمية المستخدمة في ألباهاما؟

(١)   الإنجليزية

(٢)   الفرنسية

(٣)   الإسبانية

جـ الإنجليزية.

س ما اللغة الرسمية المستخدمة في بروني دار السلام؟

(١)   الملوية والإنجليزية

(٢)   الفرنسية

(٣)   الرومانية

جـ الملوية والإنجليزية.

س ما اللغة الرسمية المستخدمة في بلغاريا ؟

(١)   الروسية

٢)   الإيطالية

٣)   الفلمنكية

جـ **الفلمنكية**

س ما اللغة الرسمية المستخدمة في بنغلادش ؟

١)   الكرواتية

٢)   البنغالية

٣)   الروسية

جـ **البنغالية.**

س ما اللغة الرسمية المستخدمة في بوتان؟

١)   الدجونجا

٢)   الروسية

٣)   الكرواتية

جـ **الدجونجية.**

س ما اللغة الرسمية المستخدمة في بوتسوانا؟

١)   الروسية

٢)   الإنجليزية

٣)   الهندية

جـ **الإنجليزية.**

س ما اللغة الرسمية المستخدمة في بوركينا فاسو؟

١)   الإيطالية

٢)   الفرنسية

٣)   الروسية

جـ **الفرنسية.**

س ما اللغة الرسمية المستخدمة في بوروندي ؟

١)   الفرنسية والروندية

٢)   الإيطالية

٣)   الروسية

جـ الفرنسية والروندية .

س ما اللغة الرسمية المستخدمة في بولندا؟

١)   الروسية

٢)   الكرواتية

٣)   البولندية

جـ البولندية.

س ما اللغة الرسمية المستخدمة في بيلا روسيا(روسيا البيضاء)؟

١)   الإنجليزية

٢)   البيلاروسية والروسية

٣)   الفرنسية

جـ البيلاروسية والروسية.

س ما اللغة الرسمية المستخدمة في بيليز؟

١)   الروسية

٢)   الإنجليزية

٣)   الدنمركية

جـ الإنجليزية.

س ما اللغة الرسمية المستخدمة في غينيا؟

١)   الروسية

٢)   الفرنسيةوالافركانزية

٣)   الهندية

جـ الفرنسية والافريكانزية.

س ما اللغة الرسمية المستخدمة في تايلند؟

١)   التايلندية

(٢)   العربية

(٣)   اليونانية

جـ التايلندية.

س ما اللغة الرسمية المستخدمة في تركمنستان؟

(١)   الإنجليزية

(٢)   التركمانية

(٣)   الرومانية

جـ التركمانية.

س ما اللغة الرسمية المستخدمة في تركيا؟

(١)   السواحلية

(٢)   الإسبانية

(٣)   التركية

جـ التركية.

س ما اللغة الرسمية المستخدمة في ترينيداد وتوباغو؟

(١)   الإسبانية

(٢)   البرتغالية

(٣)   الإنجليزية

جـ الإنجليزية.

س ما اللغة الرسمية المستخدمة في تشاد؟

(١)   الفرنسية والعربية

(٢)   الإنجليزية

(٣)   الإسبانية

جـ فرنسية وعربية.

س ما اللغة الرسمية المستخدمة في التشيك؟

(١)   الرومانية

٢) التشيكية

٣) الهندية

جـ التشيكية.

س ما اللغة الرسمية المستخدمة في تنزانيا؟

١) الإيطالية

٢) السواحلية والإنجليزية

٣) اليونانية

جـ سواحلية وإنجليزية.

س ما اللغة الرسمية المستخدمة في توغو،وغينيا الاستوائية؟

١) الرومانية

٢) الفرنسية

٣) الإيطالية

جـ الفرنسية.

س ما اللغة الرسمية المستخدمة في توفالو؟

١) الصومالية

٢) الهندية

٣) التوفالية والإنجليزية

جـ التوفالية والإنجليزية.

س ما اللغة الرسمية المستخدمة في تونغا؟

١) التونغية والإنجليزية

٢) الروسية

٣) السواحلية

جـ التونغية والإنجليزية.

س ما اللغة الرسمية المستخدمة في جامايكا؟

١) الإنجليزية والجامايكية

(٢) الروسية

(٣) الرومانية

جـ الإنجليزية والجامايكية.

س ما اللغة الرسمية المستخدمة في جورجيا؟

(١) الفرنسية

(٢) الإنجليزية

(٣) الجورجية والروسية

جـ الجورجية والروسية.

س ما اللغة الرسمية المستخدمة في الدانمارك؟

(١) الروسية

(٢) الدنمركية

(٣) الهولندية

جـ الدنمركية.

س ما اللغة الرسمية المستخدمة في الدومينيكا؟

(١) الإسبانية

(٢) الإنجليزية

(٣) الروسية

جـ إنجليزية.

س ما اللغة الرسمية المستخدمة في الدومينيكان؟

(١) اليونانية

(٢) اليابانية

(٣) الإسبانية

جـ الإسبانية.

س ما اللغة الرسمية المستخدمة في روسيا؟

(١) الفرنسية

٢)   الروسية والأوكرانية والاوزبكراية والأرمنية

٣)   العربية

جـ الروسية والأوزبكية والادكراتية والأرمنية.

س ما اللغة الرسمية المستخدمة في رومانيا؟

١)   الرومانية والهنغارية والألمانية

٢)   الفرنسية

٣)   الإيطالية

جـ الرومانية والهنغارية والألمانية.

س ما اللغة الرسمية المستخدمة في زامبيا،زيمبابوي،سانت كيتس،ونيفيس؟

١)   البنغالية

٢)   الإنجليزية

٣)   الروسية

جـ الإنجليزية.

س ما اللغة الرسمية المستخدمة في زائير وساحل العاج والسنغال والغابون؟

١)   الفرنسية

٢)   العربية

٣)   الألمانية

جـ الفرنسية.

س ما اللغة الرسمية المستخدمة في ساموا الغربية؟

١)   الساموا والإنجليزية

٢)   الهندية

٣)   الروسية

جـ الساموا والإنجليزية.

س ما اللغة الرسمية المستخدمة في سانت فنسنت،وسانت لوسيا، فانواتو، موريشيوس؟

١)	الإسبانية

٢)	التركية

٣)	الإنجليزية والفرنسية

جـ الإنجليزية والفرنسية.

س ما اللغة الرسمية المستخدمة في سان مار ينو؟

١)	اليونانية

٢)	الرومانية

٣)	الإيطالية

جـ الإيطالية.

س ما اللغة الرسمية المستخدمة في ساوتومي وبرنسيب؟

١)	الروسية

٢)	الإنجليزية

٣)	البرتغالية

جـ البرتغالية.

س ما اللغة الرسمية المستخدمة في السلفادور،وغواتيمالا؟

١)	الإسبانية

٢)	الكرواتية

٣)	البرتغالية

جـ الإسبانية.

س ما اللغة الرسمية المستخدمة في سويسرا؟

١)	الألمانية،فرنسية،إيطالية.

٢)	الإنجليزية

٣)	اليونانية

جـ الألمانية، الفرنسية، الإيطالية.

س ما اللغة الرسمية المستخدمة في صربيا؟

١)   الصربية والكرواتية

٢)   الإنجليزية

٣)   السواحلية

جـ الصربية والكرواتية.

س ما اللغة الرسمية المستخدمة في طاجكستان؟

١)   الإسبانية

٢)   البرتغالية

٣)   الطاجيكية

جـ الطاجايكية.

س ما اللغة الرسمية المستخدمة في غامبيا،وغانا؟

١)   الإيطالية

٢)   اليابانية

٣)   الإنجليزية والفولنبنه والماندية

جـ الإنجليزية والفولانية والماندية.

س ما اللغة الرسمية المستخدمة في غرينادا؟

١)   الإنجليزية والفرنسية

٢)   الروسية

٣)   السويدية

جـ الإنجليزية والفرنسية.

منوعات جغرافية

س كم يبلغ مجموع مساحات العالم ؟

(١) ٥٠٩،٤٥٠،٠٠٠ كم٢

(٢) ٣٠٠،٤٠٠،٠٠٠ كم٢

(٣) ٦٠٠،٣٥٠،٠٠٠ كم٢

جـ مجموع مساحات العالم ٥٠٩٤٥٠٠٠٠ كم٢ .

س ما مجموع مساحة اليابسة ؟

(١) ٢٤٩،٤٥٠،٠٠٠ كم٢

(٢) ١٤٩،٤٥٠،٠٠٠ كم٢

(٣) ٣٥٠،٤٥٠،٠٠٠ كم٢

جـ مجموع مساحة اليابسة ١٤٩،٤٥٠،٠٠٠ كم٢ .

س ما نسبة مساحة اليابسة بالنسبة لمساحة العالم ؟

(١) ٢٩،٣%

(٢) ٣٥،٤%

(٣) ٣٦،٥%

جـ نسبة مساحة اليابسة بالنسبة لمساحة العالم ٢٩،٣% .

س ما مجموع مساحة الماء ؟

(١) ٤٦٠ مليون كم٢

(٢) ٤٥٠ مليون كم٢

(٣) ٣٦٠ مليون كم٢

جـ مجموع مساحة الماء ٣٦٠ مليون كم٢ .

س ما نسبة مساحة الماء بالنسبة لمساحة العالم ؟

(١) ٨٠،٧%

(٢) ٩٠،٨%

(٣) ٧٠،٧%

جـ نسبة مساحة الماء بالنسبة لمساحة العالم ٧٠،٧% .

س ما مساحة قارة اسيا و نسبتها بالنسبة لمساحة اليابسة ؟

١)   ٤٤,٥ مليون كم٢ و تعادل ٢٩,٨% من مساحة اليابسة

٢)   ٤٦,٥ مليون كم٢ و تعادل ٣٠ % من مساحة اليابسة

٣)   ٣٠,٥ مليون كم٢ و تعادل ٤٨ % من مساحة اليابسة

جـ تبلغ مساحة القارة الأسيوية ٤٤,٥ مليون كم٢ و تعادل ٢٩,٨% من مساحة اليابسة .

س ما مساحة القارة الأفريقية و نسبتها بالنسبة لمساحة اليابسة ؟

١)   ٤٥ مليون كم٢ و تعادل ٣٠ % من مساحة اليابسة

٢)   ٣٠,٣٠٢,٠٠٠ كم٢ و تعادل ٢٠,٢% من مساحة اليابسة

٣)   ٤٠,٦٠٠,٠٠٠ كم٢ و تعادل ٣٥ % من مساحة اليابسة

جـ مساحة القارة الأفريقية ٣٠,٣٠٢,٠٠٠ كم٢ و تعادل ٢٠,٢% من مساحة اليابسة .

س ما مساحة امريكا الشمالية و امريكا الوسطى و نسبتها بالنسبة لمساحة اليابسة؟

١)   ٣٠,٦٠٠,٠٠٠ كم٢ و تعادل ١٨,١% من مساحة اليابسة

٢)   ٢٤,٢٤١,٠٠٠ كم٢ و تعادل ١٦,٢% من مساحة اليابسة

٣)   ٤٨ مليون كم٢ و تعادل ١٥% من مساحة اليابسة

جـ مساحة امريكا الشمالية و امريكا الوسطى ٢٤,٢٤١,٠٠٠ كم٢ و تعادل ١٦,٢% من مساحة اليابسة .

س ما مساحة امريكا الجنوبية و نسبتها بالنسبة لمساحة اليابسة ؟

١)   ١٤,١مليون كم٢ و تعادل ١٧% من مساحة اليابسة

٢)   ١٧,٧٩٣,٠٠٠ مليون كم٢ وتعادل ١١,٩% من مساحة اليابسة

٣)   ١٨,١مليون كم٢ و تعادل ١٠,١% من مساحة اليابسة

جـ ١٧,٧٩٣,٠٠٠ كم٢ و تعادل١١,٩% من مساحة اليابسة .

س ما مساحة القارة القطبية الجنوبية و نسبتها بالنسبة لمساحة اليابسة ؟

١) ١٨ مليون كم٢ وتعادل ١١% من مساحة اليابسة

٢) ١٦ مليون كم٢ وتعادل ١٠% من مساحة اليابسة

٣) ١٤,١ مليون كم٢ وتعادل ٩,٤% من مساحة اليابسة

جـ مساحة القارة القطبية الجنوبية ١٤,١ مليون كم٢ و تعادل ٩,٤% من مساحة اليابسة .

س ما مساحة القارة الأوروبية و ما نسبتها بالنسبة لمساحة اليابسة ؟

١) ٩,٩٥٧,٠٠٠ كم٢ وتعادل ٦,٧% من مساحة اليابسة

٢) ٦,٨ مليون كم٢ و تعادل ٥,٥% من مساحة اليابسة

٣) ١٠,٥ مليون كم٢ و تعادل ٤,٦% من مساحة اليابسة

جـ مساحة القارة الأوروبية ٩,٩٥٧,٠٠٠ مليون كم٢ و تعادل ٦,٧% من مساحة اليابسة.

س ما مساحة ا ستراليا و اوقانوسيا وما نسبتها بالنسبة ل مساحة اليابسة ؟

٧,٥ مليون كم٢ و تعادل ٥% من مساحة اليابسة

٦,٥ مليون كم٢ و تعادل ٤% من مساحة اليابسة

٨,٥٥٧,٠٠٠ كم٢ وتعادل ٥,٧% من مساحة اليابسة

جـ مساحة استراليا واوقانوسيا ٨,٥٥٧,٠٠٠كم٢ و تعادل ٥,٧% من مساحة اليابسة .

س ما مساحة المحيط الهادي وما نسبته بالنسبة لمساحة الماء ؟

١) ١٨٩ مليون كم٢ و تعادل ٤٦% من مساحة الماء

٢) ١٧٩,٦٧٩,٠٠٠ كم٢ و تعادل ٤٩,٩% من مساحة الماء

٣) ٢٨٠,٧ مليون كم٢ و تعادل ٥٢% من مساحة الماء

جـ مساحة المحيط الهادي ١٧٩,٦٧٩,٠٠٠ كم٢ وتعادل ٤٩,٩ من مساحة الماء .

س ما مساحة المحيط الأطلسي و ما نسبته بالنسبة لمساحة الماء ؟

١) ٩٢,٣٧٣,٠٠٠ كم٢ و تعادل ٢٥,٧% من مساحة الماء

٢) ٩٨ مليون كم٢ و تعادل ٢٩% من مساحة الماء

٣) ٩٦ مليون كم٢ و تعادل ٢٧% من مساحة الماء

جـ مساحة المحيط الأطلسي ٩٢,٣٧٣,٠٠٠ كم٢ و تعادل ٢٥,٧% من مساحة الماء .

س ما مساحة المحيط الهندي و ما نسبته بالنسبة لمساحة الماء ؟

١) ٨٠ مليون كم٢ و تعادل ٣٠% من مساحة الماء

٢) ٩٠ مليون كم٢ و تعادل ٣٥% من مساحة الماء

٣) ٧٣,٩١٧,٠٠٠ كم٢ و تعادل ٢٠,٥ % من مساحة الماء

جـ مساحة المحيط الهندي ٧٣,٩١٧,٠٠٠ و تعادل ٢٠,٥% من مساحة الماء .

س ما مساحة المحيط المتجمد الشمالي وما نسبته بالنسبة لمساحة الماء .

١) ١٧,٥ مليون كم٢ و تعادل ٧% من مساحة الماء

٢) ١٧,٠٩ مليون كم٢ و تعادل ٤,٥% من مساحة الماء

٣) ١٤,٠٩٠,٠٠٠ كم٢ و تعادل ٣,٩% من مساحة الماء

جـ مساحة المحيط المتجمد الشمالي ١٤,٠٩٠,٠٠٠ كم٢ و تعادل ٣,٩ من مساحة الماء .

س ما اسم اكبر مدن العالم سكاناً وما عدد سكانها ؟

١) طوكيو و عدد سكانها ١١مليون نسمة

٢) مكسيكو سيتي و عدد سكانها ١٨,٧٤٨,٠٠٠ نسمة

٣) بكين و عدد سكانها ٩,٧٥,٠٠٠ نسمة

جـ اكبر مدن العالم سكانا مكسيكو سيتي و عدد سكانها ١٨,٧٤٨,٠٠٠ .

س ما اسم ثاني مدينة في العالم سكانا وما عدد سكانها ؟

١) نيويورك و عدد سكانها ١٨,٠٨٧,٠٠٠ نسمة

٢) سان فرانسيسكو و عدد سكانها ١٣ مليون نسمة

٣) شنغهاي وعدد سكانها ١٤ مليون نسمة

جـ ثاني مدن العالم سكانا نيويورك وعدد سكانها ١٨,٠٨٧,٠٠٠ نسمة .

س ما اسم ثالث مدن العلم سكانا وما عدد سكانها ؟

١) بيونس ايرس وعدد سكانها ١٠,٥ مليون نسمة

٢) ساوباولو وعدد سكانها ١٦,٨٣٢,٠٠٠ نسمة

٣) كلكتا و عدد سكانها ٩,٩ مليون نسمة

جـ ثالث مدن العالم سكانا ساوباولو و عدد سكانها١٦,٨٣٢,٠٠٠ نسمة .

س ما اكثر المدن ارتفاعا في العالم عن سطح البحر ؟

١) كيتو في الأكوادور و يبلغ ارتفاعها ٣١٧٦م

٢) بوتوسي في بوليفيا و يبلغ ارتفاعها ٣٩٧٦م

٣) سوكر في بوليفيا و يبلغ ارتفاعها ٣٧٢٠ م

حـ اكثر المدن ارتفاعا عن سطح البحر بوتوسي في بوليفيا و ارتفاعها ٣٩٧٦م .

س ما ثاني مدينة في العالم ارتفاعا عن سطح البحر وما ارتفاعها ؟

١) لاسا في الصين ويبلغ ارتفاعها ٣٦٥٨ م

٢) سوكر في بوليفيا و يبلغ ارتفاعها ٣٧٢٠ م

٣) بوغوتا في كولومبيا و يبلغ ارتفاعها ٢٦٤٤ م

جـ ثاني مدينة في العالم ارتفاعا عن سطح البحر لاسا في الصين و يبلغ ارتفاعها ٣٦٥٨ م .

س لاباز تعتبر من اكثر المدن اررتفاعا عن سطح البحر ,اين تقع و كم ارتفاعها ؟

١) تقع في الصين و يبلغ ارتفاعها ٢٥٥٧ م

٢) تقع في الهند و يبلغ ارتفاعها ٣٧٠٠م

٣) تقع في بوليفيا و يبلغ ار تفاعها ٣٥٧٧م

جـ مدينة لاباز تقع في بوليفيا و يبلغ ارتفاعها ٣٥٧٧م .

س كوزكو من المدن المرتفعة عن سطح البحر, اين تقع و كم يبلغ ارتفاعها ؟

١) تقع في البيرو و يبلغ ارتفاعها ٣٣٩٩م

٢) تقع في الصين و يبلغ ارتفاعها ٣٠٠٠م

٣) تقع في اليابان و يبلغ ارتفاعها ٣٥٠٠م

جـ مدينة كوزكو تقع في البيرو و يبلغ ارتفاعها ٣٣٩٩ م .

س اين تقع كيتو وكم يبلغ ارتفاعها عن سطح البحر ؟

١) في اليابان و يبلغ ارتفاعها ٢٨٠٠م

٢) في الهند و يبلغ ارتفاعها ٣٠٠٠م

٣) في الاكوادور و يبلغ ارتفاعها ٢٨١٩م

جـ تقع كيتو في الاكوادور و يبلغ ارتفاعها ٢٨١٩ م .

س مدينة سوكر كم يبلغ أرتفاعها عن سطح البحر؟أين تقع؟

١) في بوليفيا و يبلغ أرتفاعها ٢٧٩٠م

٢) في المكسيك و يبلغ أرتفاعها ٢٠٠٠م

٣) في كوريا الجبوبية و يبلغ أرتفاعها ١٥٠٠م

جـ في بوليفيا و يبلغ أرتفاعها ٢٧٩٠م .

س. أين تقع مدينة تالوكادايردو؟وكم يبلغ أرتفاعها عن سطح البحر؟

١) في المكسيك و يبلغ أرتفاعها ٢٦٨٠م

٢) في اليابان و يبلغ أرتفاعها ٣٠٠٠م

٣) في روسيا و يبلغ أرتفاعها   ٢٥٠٠م

جـ مدينة تالوكادايردو تقع في المكسيك و يبلغ أرتفاعها ٢٦٨٠م.

س. أين تقع مدينة بوغوتو و كم يبلغ أرتفاعها عن سطح البحر؟

١) في كوبا و يبلغ أرتفاعها ٢٠٠٠م

٢) في كوكوجيا و يبلغ أرتفاعها ٢٦٤٤م

٣) في هايتي و يبلغ أرتفاعها ٢٥٠٠م

جـ . تقع مدينة بوغوتو في كوكوجيا و يبلغ أرتفاعها ٢٦٤٤م.

س. كوتشبامبا من المدن المرتفعة أين تقع وما ارتفاعها عن سطح البحر ؟

١) في المكسيك و ارتفاعها ٢٩٩٨م

٢) في بوليفيا و ارتفاعها ٢٥٥٨م

٣) في الإكوادوروارتفاعها ٣٥٨٠م

جـ مدينة كوتشبامبا تقع في بوليفيا و ارتفاعها عن سطح البحر ٢٥٥٨م

س. مدينة باشو كادي سوتو من المدن المرتفعة عن سطح البحر أين تقع و ارتفاعها؟

١) في البيرو وارتفاعها ٢٥٠٠م

٢) في الصين و ارتفاعها ٢٠٠٠م

٣) في المكسيك و ارتفاعها ٢٤٠٨ م

جـ مدينة باشوكادي سوتو في المكسيك و يبلغ ارتفاعها عن سطح البحر ٢٤٠٨م.

س٠ مااسم اخفض مدينة في العالم ؟

١) مدينة اريحا

٢) مينة دمشق

٣) مدينة طرابلس

جـ اخفض مدينة عن سطح البحر في العالم مدينة اريحا تقع في الأردن بقارة آسيا .

س. تصل قناة السويس بين

١) بحر مرمرة و البحر الإحمر

٢) البحر الإسود و البحر المتوسط

٣) البحر المتوسط و البحر الإحمر

جـ قناة السويس تصل بين البحرالمتوسط و البحرالإحمر

س.يفصل مضيق بيرنغ بين قارتي

١) امريكاالشمالية وامريكاالجنوبية

٢) بين أمريكاالشرقية و إسيا

٣) بين إمريكا الجنوبية و إمريكا الوسطى

جـ مضيق بيرنغ يفصل بين قارتي إمريكا الشمالية و أسيا

س. تصل قناة بنما بين

١) المحيط الهادي و البحر الكاريبي

٢)   المحيط الهندي و الهادي

٣)   المحيط الأطلسي و الهادي

جـ قناة بنما تصل بين المحيط الهادي و البحر الكاريبي

س يفصل مضيق بلك بين؟

١)   الهند و الباكستان

٢)   سريلانكا و الهند

٣)   المحيط الهندي و خليج البنغال

جـ يفصل مضيق بلك بين سريلانكاو الهند.

س يقع مضيق هرمز بين

١)   الخليج العربي و خليج عُمان

٢)   الخليج العربي و بحر العرب

٣)   خليج عُمان و بحر العرب

جـ يقع مضيق هرمز بين الخليج العربي و خليج عُمان

س يفصل مضيق ملقا بين

١)   أتحاد ماليزيا و سنغافورة

٢)   أندونيسيا و اتحاد ماليزيا

٣)   أندونيسيا و الفلبين

جـ يفصل مضيق ملقا بين أندونيسا و اتحاد ماليزيا

س يقع باب المندب بين

١)   البحر الأحمر و البحرالعرب

٢)   البحر العرب و المحيط الهندي

٣)   البحر المتوسط و البحر الأحمر

جـ يقع باب المندب بين البحر الأحمر و بحرالعرب

س تصل قناة كيل في ألمانيا بين

١)   بحرالبلطيق و بحرالشمال

٢) بحرالبلطيق و نهرالراين

٣) بحرالشمال و نهرالألب

جـ قناة كيل في ألمانيا تصل بين بحرالبلطيق و بحرالشمال

س يصل مضيق البسفور بين

١) البحرالأسود و بحرأيجة

٢) البحرالمتوسط و بحرأيجة

٣) البحرالأسود و بحرمرمرة

مضيق البسفور يصل بين البحرالأسود و مرمرة

س يصل مضيق الدردنيل بين

١) بحر مرمرة و بحرأيجة

٢) البحرالأسود و بحرمرمرة

٣) البحرالأسود و البحر المتوسط

جـ مضيق الدردنيل يصل بين بحرمرمرة و بحرأيجة

س يقع مضيق جبل طارق شمال المغرب و يفصل بين

١) البحرالمتوسط و المحيط الأطلسي

٢) البحرالمتوسط و بحرأجية

٣) المحيط الأطلسي و بحر الشمال

جـ مضيق جبل طارق يفصل بين البحرالمتوسط و المحيط الأطلسي

س يفصل مضيق كوريا بين

١) الصين و اليابان

٢) جزراليابان و كوريا الجنوبية

٣) الصين و كوريا الجنوبية

جـ يفصل مضيق كوريا بين الجزر اليابان و كورياالجنوبية

س يفصل مضيق فرموزا بين

١) الصين و كوريا

٢) اليابان و الصين

٣) جزيرة فرموزا و الصين

جـ يفصل مضيق فرموزا بين جزيرة فرموزا و الصين

س يفصل بحر جاوة بين جزر

١) بورينو و جزر أندونيسا

٢) بورينو و اليابان

٣) الصين و أندونيسا

جـ يفصل بحرجاوة بين الجزر الأندونيسية وجزيرة بورينو.

س يفصل بحر الصين الجنوبي بين

١) جزرالفلبين و شبه جزيرة الهندالصينية

٢) فيتنام و كمبوديا

٣) الفلبين و بورينو

جـ يفصل بحر الصين الجنوبي بين جزر الفلبين و شبه جزيرة الهند الصينية

س يفصل مضيق دوفر في القارة الأوروبية بين

١) فرنسا و ألمانيا

٢) فرنسا و بريطانيا

٣) أسبانيا و بريطانيا

جـ يفصل مضيق دوفر بين فرنسا و بريطانيا

س يقع خليج بوثينا في شمال القارة الأوروبية ويفصل بين

١) السويد و الدنملرك

٢) السويد و فنلندا

٣) الدنمارك و فنلندا

جـ يفصل خليج بوثينا بين السويد و فنلندا

س يقع مضيق موزامبيق في المحيط الهندي و يفصل بين

١) موزامبيق و كينيا

٢)   مدغشقر و تنزانيا

٣)   مدغشقر و موزامبيق

جـ يفصل مضيق موزامبيق بين مدغشقر و موزامبيق

س يقع الرأس الأخضر على الساحل الغربي للقارة

١)   الأسيوية

٢)   الأفريقية

٣)   الأوروبية

جـ يقع الرأس الأخضر على الساحل الغربي للقارة الأفريقية .

س تقع مضائق تيران في البحر الأحمر في جنوب خليج

١)   بانياس

٢)   طرطوس

٣)   العقبة

جـ تقع مضائق تيران جنوب خليج العقبة في البحر الأحمر .

س يفصل خليج السويس في جمهورية مصر العربية بين

١)   شبه جزيرة سيناء و الصحراء الشرقية في مصر

٢)   سيناء و الصحراء الغربية

٣)   مدينة العقبة و مدينة جدة

جـ يفصل خليج السويس في جمهورية مصر العربية بين شبه جزيرة سيناء و الصحراء الشرقية في

مصر .

س يقع خليج سدرة في الجماهرية الليبية في

١)   البحر الأحمر

٢)   البحر المتوسط

٣)   بحر مرمرة

جـ يقع خليج سدرة في ليبيا في البحر المتوسط .

س يقع خليج قابس في البحر المتوسط على الساحل الشرقي

١) الجمهورية الجزائرية

٢) الجمهورية التونسية

٣) المملكة المغربية

جـ يقع خليج قابس على الساحل الشرقي للجمهورية التونسية .

س يقع خليج عفار على الساحل الغربي للبحر المتوسط في

١) لبنان

٢) سوريا

٣) فلسطين

جـ يقع على الساحل الغربي للبحر المتوسط في لبنان .

س يقع خليج الأسكندرونة شمال سوريا على الساحل الغربي

١) البحر الأسود

٢) بحر مرمرة

٣) البحر المتوسط

جـ يقع خليج الأسكندرونة على الساحل الغربي للبحر المتوسط .

س يقع خليج العقبة في جنوب

١) الأردن

٢) مصر

٣) السعودية

جـ خليج العقبة يقع جنوب الأردن، و يعتبر المنفذ الوحيد لها .

س يقع خليج عدن جنوب

١) شبه الجزيرة العربية

٢) شبه القارة الهندية

٣) عُمان

جـ خليج عدن يقع جنوب شبه الجزيرة العربية .

س يقع خليج البنغال

١) الى الشرق من شبه القارة الهندية

٢) الى الغرب من شبه القارة الهندية

٣) الى الشمال من شبه القارة الهندية

جـ خليج البنغال يقع الى الشرق من القارة الهندية .

س َـ يفصل مضيق سان جورج بين

١) انجلترا و اسكتلندا.

٢) ايرلندا واسكتلندا .

٣) انجلترا وايرلندا .

جـ مضيق سان جورج يفصل بين جزيرتي انجلترا واسكتلندا .

س يفصل القنال الانجليزي بين

١) اسبانيا وفرنسا .

٢) فرنسا وبريطانيا

٣) فرنسا والبرتغال

جـ يفصل القنال الانجليزي بين فرنسا وبريطانيا .

س يفصل البحر الادريارتيك بين

١) شبه جزيرة البلقان وشبه جزيرة ايبيريا .

٢) شبه جزيرة ايبيريا وشبه الجزيرة الايطالية .

٣) شبه جزيرة البلقان وشبه الجزيرة الايطالية .

جـ يفصل البحر الادريارتيك بين شبه جزيرة البلقان وشبة الجزيرة الايطالية .

س تفصل قناة الريح في البحر الكاريبي بين

١) هايتي وبنما

٢) هايتي وكوبا

٣) كوبا وبنما

جـ قناة الريح تفصل بين هايتي وكوبا .

س أين يقع رأس الرجاء الصالح ؟

١) في جنوب القارة الاسترالية .

٢) في شمال القارة الامريكية الجنوبية .

٣) في جنوب القارة الافريقية .

جـ رأس الرجاء الصالح يقع جنوب القارة الافريقية .

س أين تقغ جزر الفوكلند ؟

١) جنوب قارة امريكا الجنوبية .

٢) جنوب القارة الافريقية .

٣) جنوب القارة الاسترالية .

تقع جزر الفوكلند جنوب قارة امريكا الجنوبية .

س أين يقع رأس سنت ماري ؟

١) جنوب مدغشقر

٢) جنوب موزامبيق

٣) جنوب الصومال

جـ يقع رأس سنت ماري جنوب مدغشقر .

س أين يقع خليج تونس ؟

١) غرب تونس في البحر المتوسط

٢) شمال تونس في البحر المتوسط

٣) شمال شرق تونس في البحر المتوسط

جـ يقع خليج تونس شمال شرق تونس في البحر المتوسط .

س أين يقع خليج تيمور ؟

١) شمال غرب افريقيا

٢) شمال أوروبا

٣) شمال غرب استراليا

جـ يقع خليج تيمور شمال غرب استراليا .

س أين يقع بحر كودال ؟

١)   شمال شرق استراليا

٢)   شمال غرب استراليا

٣)   جنوب غرب استراليا

جـ يقع بحر كودال شمال شرق استراليا .

س أين تقع جزيرة نيوزيلندا ؟

١)   في المحيط الهادي إلى الجنوب الغربي من استراليا

٢)   في المحيط الهندي جنوب استراليا

٣)   في المحيط شمال استراليا

جـ تقع نيوزيلندا في المحيط الهادي الى الجنوب الغربي من استراليا .

س . أين يقع بحر اليابان ؟

١)   بين الجزر اليابانية ومنشوريا

٢)   بين الجزر اليابانية والفلبين

٣)   بين الفلبين ومنشوريا

جـ يقع بحر اليابان بين الجزر اليابانية والفلبين .

س . أين يقع بحر الصين الشرقي ؟

١)   شرق القارة الأفريقية

٢)   شرق القارة الآسيوية

٣)   شرق القارة الأمريكية

جـ يقع بحر الصين الشرقي شرق القارة الآسيوية .

س . أين يقع مضيق لايدوز ؟

١)   بين جزيرة سخالين وجزيرة هوكايدو

٢)   بين جزر الفلبين وجزيرة هيروشيما

٣)   بين جزيرة شيكوكو وجزيرة هنشو

جـ يقع مضيق لايدوز بين جزيرة سخالين وجزيرة هوكايدو إلى الشرق من قارة آسيا .

س . البحر الكاريبي هو اعظم بحار العالم أين يقع وكم تبلع مساحته ؟

١) في المحيط الهادي ومساحته ٣،٧٨٦،٠٠٠ كم٢

٢) في المحيط الأطلسي ومساحته ٢،٧٦٦،٠٠٠كم٢

٣) في المحيط الهندي ومساحته ٢،٥٠٠،٠٠٠كم٢

جـ يقع في المحط الأطلسي ومساحته ٢،٧٦٦،٠٠٠كم٢

البحر المتوسط ثاني اعظم بحار العالم أين يقع وكم تبلغ مساحته ؟

١) في المحيط الأطلسي ومساحته ٢،٥١٦،٠٠٠كم٢

٢) في المحيط الهندي ومساحته ٢،٥٠٠،٠٠٠كم٢

٣) في المحيط الهادي ومساحته ٢،٦٠٠،٠٠٠كم٢

حـ يقع في المحيط الأطلسي ومساحته ٢،٥١٦،٠٠٠كم٢

س أين يقع بحر الصين الجنوبي وكم تبلغ مساحته ؟

١) في المحيط الأطلسي ومساحته ٥و٣ مليون كم٢

٢) في المحيط الهندي ومساحته ٥و٢ مليون كم٢

٣) في المحيط الهادي ومساحته ٢،٣١٨،٠٠٠كم٢

جـ يقع بحر الصين الجنوبي في المحيط الهادي ومساحته ٢،٣١٨،٠٠٠كم٢

س أين يقع خليج المكسيك وكم تبلغ مساحته ؟

١) في المحيط الأطلسي ومساحته ١،٤٥٣،٠٠٠كم٢

٢) في المحيط الهادي ومساحته ٥و١ مليون كم٢

٣) في المحيط الهندي ومساحته مليون كم٢

جـ يقع في المحيط الأطلسي ومساحته ١،٥٤٣،٠٠٠كم٢

س منخفض الماريان اعمق منخفض في العالم ، أين يقع ، وكم متر عمقه ؟

١) في المحيط الهندي وعمقه ١٠٣٣٠م

٢) في المحيط الهادي وعمقه ١١٠٢٢م

٣) في المحيط الأطلسي وعمقه ١١٠٠٠م

جـ يقع في المحيط الهادي وعمقه ١١٠٢٢م

س٠ منخفض تونجا ثاني منخفض في العالم ، أين يقع ، وكم عمقه ؟

١) في المحيط الهادي وعمقه ١٠٨٢٢م

٢) في المحيط الهندي وعمقه ١١٠٠٠م

٣) في المحيط الأطلسي وعمقه ١٢٠٠٠م

جـ يقع في المحيط الهادي وعمقه ١٠٨٢٢م

س٠ منخفض اليابان ثالث منخفض في العالم ، أين يقع ، وكم عمقه ؟

١) في المحيط الأطلسي وعمقه ٢٢٠٠٠م

٢) في المحيط الهادي وعمقه ١٠٥٥٤م

٣) في المحيط الهندي وعمقه ١١٢٠٠م

جـ يقع في المحيط الهادي وعمقه ١٠٥٥٤م

س٠ أين يقع منخفض الكوريل ، وكم عمقه ؟

١) في المحيط الأطلسي وعمقه ١١١٠٠م

٢) في المحيط الهندي وعمقه ١٠٠٠٠م

٣) في المحيط الهادي وعمقه ١٠٥٤٢م

جـ يقع في المحيط الهادي وعمقه ١٠٥٤٢م

س٠ أين يقع منخفض ميندانا ، وكم عمقه ؟

١) في المحيط الأطلسي وعمقه ١٠٦٠٠م

٢) في المحيط الهادي وعمقه ١٠٤٩٧م

٣) في المحيط الهندي وعمقه ٩٠٠٠م

جـ يقع في المحيط الهادي وعمقه ١٠٤٩٧م

س٠ أين يقع منخفض كيرمادك ، وكم عمقه ؟

١) في المحيط الهندي وعمقه ١٠٤٠٠م

٢) في المحيط الأطلسي وعمقه ١٢٠٠م

(٣)   في المحيط الهادي وعمقه ١٠٠٤٧م

جـ يقع في المحيط الهادي وعمقه ١٠٠٤٧م

س٠ أين يقع منخفض بورتوريكو، وكم عمقه ؟

(١)   في المحيط الهادي وعمقه ٩٠٠٠م

(٢)   في المحيط الأطلسي وعمقه ٩٢٠٠م

(٣)   في المحيط الهندي وعمقه ٣٠٠٠م

جـ يقع في المحيط الأطلسي وعمقه ٩٢٠٠م

س٠ أين يقع منخفض الساندويش ، وكم عمقه ؟

(١)   في المحيط الأطلسي وعمقه ٨٤٢٨م

(٢)   في المحيط الهندي وعمقه ١٠٠٠م

(٣)   في المحيط الهادي وعمقه ٦٠٠٠م

جـ يقع في المحيط الأطلسي وعمقه ٨٤٢٨م

س٠ أين يقع منخفض البيرو -تشلي المائي ، وكم عمقه ؟

(١)   في المحيط الأطلسي وعمقه ٨٠٠٠م

(٢)   في المحيط الهادي وعمقه ٨٠٥٠م

(٣)   في المحيط الهندي وعمقه ٧٠٠٠م

جـ يقع في المحيط الهادي وعمقه ٨٠٥٠م

س٠ أين يقع منخفض الوشيان ، وكم عمقه ؟

(١)   في المحيط الهندي وعمقه ٧٠٠٠م

(٢)   في المحيط الأطلسي وعمقه ٦٠٠٠م

(٣)   في المحيط الهادي وعمقه ٧٨٢٢م

جـ يقع في المحيط الهادي وعمقه ٧٨٢٢م

س٠ أنجل أعلى شلالات العالم ، أين تقع ، وكم ارتفاعها ؟

(١)   في فنزويلا وارتفاعها ٨٠٧م

(٢)   في النرويج وارتفاعها ٨٥٠م

٣) في البرازيل وارتفاعها ٩٠٠م

جـ تقع في فنزويلا وارتفاعها ٨٠٧م

س٠ أين يقع شلال أتاتنغا ، وكم ارتفاعه ؟

١) في اليابان وارتفاعه ٧٠٠م

٢) في كندا وارتفاعه ٨٠٠م

٣) في البرازيل وارتفاعه ٦٢٨م

جـ يقع في البرازيل وارتفاعه ٦٢٨م

س٠ أين يقع شلال كوكويبان ، وكم ارتفاعه ؟

١) في هاواي في الولايات المتحدة الامريكية وارتفاعه ٧٥٠م

٢) في غانا - فنزويلا وارتفاعه ٦١٠م

٣) في البرازيل وارتفاعه ٧٠٠م

جـ يقع في غانا – فنزويلا وارتفاعه ٦١٠م

س٠ أين يقع شلال اورملي ، وكم ارتفاعه ؟

١) في النرويج وارتفاعه ٥٦٣م

٢) في الهند وارتفاعه ٦٠٠م

٣) في الصين وارتفاعه ٦٥٠م

جـ يقع في النرويج وارتفاعه ٥٦٣م

س ٠ أين يقع شلال كاهيوي ، وكم ارتفاعه ؟

١) في النرويج وارتفاعه ٦٥٠م

٢) في هاواي في الولايات المتحدة الأمريكية وارتفاعه ٥٣٣م

٣) في البرازيل وارتفاعه ٦٠٠م

جـ يقع في هاواي في الولايات المتحدة الأمريكية وارتفاعه ٥٣٣م

س ٠ أين يقع شلال تايسي ، وكم ارتفاعه ؟

١) في النرويج وارتفاعه ٥٣٣م

٢) في اليونان وارتفاعه ٣٠٠م

٣) في البرازيل وارتفاعه ٤٠٠م

جـ يقع في النرويج وارتفاعه ٥٣٣م

س ٠ أين يقع شلال بيلاو ، وكم ارتفاعه ؟

١) في الهند وارتفاعه ٣٠٠م

٢) في تايلند وارتفاعه ٢٠٠م

٣) في البرازيل وارتفاعه ٥٢٤م

جـ يقع في البرازيل وارتفاعه ٥٢٤م

س٠ أين يقع شلال ريبون ، وكم ارتفاعه ؟

١) في كندا وارتفاعه ٣٠٠م

٢) في اليابان وارتفاعه ٤٠٠م

٣) في الولايات المتحدة الامريكية وارتفاعه ٤٩١م

جـ يقع في الولايات المتحدة الأمريكية وارتفاعه ٤٩١م

س٠ أين يقع فسترى ماردولا ، وكم ارتفاعه ؟

١) في النرويج وارتفاعه ٤٦٨م

٢) في فنزويلا وارتفاعه ٤٠٠م

٣) في اليونان وارتفاعه ٦٠٠م

جـ يقع في النرويج وارتفاعه ٤٦٨م

س٠ أين يقع شلال روراٍما ، وكم ارتفاعه ؟

١) في البرازيل وارتفاعه ٤٠٠م

٢) في غانا وارتفاعه ٤٥٧م

٣) في فنزويلا وارتفاعه ٥٨٠م

جـ يقع في غانا وارتفاعه ٤٥٧م ٠

س٠ أين تقع اخفض منطقة في العالم ، وكم انخفاضها ؟

١) البحر الميت وتنخفض ٤٠٠م

٢) بحيرة طبريا وتنخفض ١٢٠ م

٣) بحيرة اير وتنخفض ١٣٠ م

جـ البحر الميت اخفض بحيرة في العالم وينخفض عن سطح البحر ٤٠٠م ويقع في الاردن في قارة اسيا .

س٠ أين تقع بحيرة عسل ، وكم تنخفض عن سطح البحر ؟

١) في جيبوتي وتنخفض ١٥٦م

٢) في الصومال وتنخفض ١٣٠م

٣) في الهند وتنخفض ١٤٠م

جـ تقع في جيبوتي بقارة افريقيا وتنخفض عن سطح البحر ١٥٦م

س٠ أين يقع وادي الموت ، وكم ينخفض ؟

١) في كينيا وينخفض ٢٠م

٢) في اليونان وينخفض ١٨م

٣) في الولايات المتحدة الأمريكية وينخفض ٨٦م

جـ يقع في الولايات المتحدة الأمريكية بقارة امريكا الشمالية وينخفض عن سطح البحر ٨٦م

س٠ أين تقع شبه جزيرة فالديس ن وكم تنخفض عن سطح البحر ؟

١) في استراليا وتنخفض ١٠م

٢) في الارجنتين وتنخفض ٤٠م

٣) في الهند وتنخفض ١٨م

جـ تقع في الارجنتين بقارة امريكا الجنوبية وتنخفض عن سطح البحر ٤٠م

س٠ اين تقع بحيرة اير ؟

١) في قارة اوروبا

٢) في قارة امريكا الشمالية

٣) في قارة استراليا

جـ تقع في قارة استراليا وتنخفض عن سطح البحر ١٦م .

س٠ بحر قزوين اعظم بحيرات العالم مساحة ، أين يقع , وكم مساحته ؟

١) بين قارتي امريكا الشمالية والجنوبية ، ومساحته ٢٧٧ألف كم٢

٢) بين قارتي آسيا وأوروبا ومساحته ٣٧١ألف كم٢

٣) بين الهند والباكستان ومساحته ٤٠٠ألف كم٢ .

جـ يقع بين قارتي آسيا و اوروبا ومساحته ٣٧١ألف كم٢

س ٠ سوبيريور ثاني بحيرة في العالم أين تقع ، وكم مساحتها ؟

١) بين كندا والولايات المتحدة الامريكية ومساحتها ٨٢،٢٠٠كم٢.

٢) في اليونان ومساحتها ٨٥ ألف كم٢ .

٣) في الهند ومساحتها ١٨٦ ألف كم٢ .

جـ تقع بين كندا والولايات المتحدة الامريكية ومساحتها ٨٢،٢٠٠كم٢

س٠ أين تقع بحيرة فكتوريا ؟

١) شرق قارة اسيا

٢) شرق قارة افريقيا

٣) في الصين

جـ تقع في شرق قارة افريقيا ومساحتها ٧٠ الف كم٢

س٠ أين تقع بحيرة هورن ؟

١) في قارة اسيا

٢) بين كندا والولايات المتحدة الامريكية .

٣) في قارة افريقيا

جـ تقع بين كندا والولايات المتحدة الامريكية ومساحتها ٥٩،٩٦٠كم٢

س٠ أين تقع بحيرة متشغان ؟

١) في امريكا الجنوبية

٢) في اسيا

٣) في الولايات المتحدة الامريكية

جـ تقع في الولايات المتحدة الامريكية ومساحتها ٥٨ الف كم٢

س٠ أين تقع بحيرة آرال ؟

١) في تركيا

٢) في اليابان

٣) بين كازاخستان - واوزبكستان

جـ تقع بين كازاخستان - وأوزبكستان ومساحتها ٣٦ الف كم٢

س. أين تقع بحيرة تنجنيقا ؟

١) في شمال قارة افريقيا

٢) في وسط قارة افريقيا

٣) في جنوب قارة افريقيا

جـ تقع في وسط قارة افريقيا ومساحتها ٣٣ ألف كم٢ .

س. أين تقع بحيرة غريت بير (Great Bear) ؟

١) في كندا

٢) في اليونان

٣) في فنزويلا

جـ تقع في كندا ، ومساحتها ٣١،٥٠٠كم٢

س. أين تقع بحيرة بايكال ؟

١) في قارة افريقيا

٢) في روسيا

٣) في اليابان

جـ تقع في روسيا ومساحتها ٣١،٥٠٠كم٢

س. أين تقع بحيرة الملاوي ؟

١) في قارة افريقيا

٢) في قارة اسيا

٣) في قارة أوروبا

جـ تقع في قارة افريقيا ومساحتها ٢٩،٠٠٠كم٢

س. مااسم أعلى بحيرة في العالم ؟

١) تيتي كاكا

٢) إير

٣) فكتوريا

جـ أعلى بحيرة في العالم تيتي كاكا وتقع في قارة امريكا الجنوبية .

س ٠ ماسم أعلى قمم العالم ؟

١) قمة افرست

٢) قمة ماكنلي

٣) قمة الجبل البيض

جـ اعلى قمم العالم قمة افرست تقع بين نيبال والصين في قارة اسيا وارتفاعها ٨٨٤٨م

س٠ ماسم ثاني قمم العالم ؟

١) قمة القرنة السوداء

٢) قمة غودين أوستن

٣) قمة كينيا

جـ ثاني قمم العالم قمة غودين اوستن تقع بين الصين وكشمير في قارة اسيا وارتفاعها ٨٦١١م.

س٠ أين تقع قمة كانشنجونغا ؟

١) في اوغنده

٢) بين نيبال والهند

٣) في فرنسا

جـ تقع بين نيبال والهند في قارة اسيا وارتفاعها ٨٥٩٨م

س٠ أين تقع قمة لوتسا ؟

١) بين الهند والصين

٢) في الصين

٣) بين الصين ونيبال

جـ تقع بين الصين ونيبال في قارة اسيا وارتفاعها ٨٥١٦م

س. أين تقع مكالو ؟

١) بين الصين ونيبال

٢) في الهند

٣) في اليابان

جـ تقع بين الصين ونيبال في قارة اسيا وارتفاعها ٨٤٨١م

س. أين تقع قمة كليمانجارو ؟

١) في كينيا

٢) في تنزانيا

٣) في اوغنده

جـ تقع في تنزانيا وارتفاعها ٥٨٩٥م .

س. أين تقع قمة كينيا ؟

١) في اثيوبيا

٢) في تنزانيا

٣) في كينيا

جـ تقع في كينيا في قارة افريقيا وارتفاعها ٥١٩٩م .

س. أين تقع قمة رونزوري ؟

١) بين اوغنده - وزائير

٢) في تنزانيا

٣) في اثيوبيا

جـ تقع بين أوغنده - وزائير في قارة افريقيا وارتفاعها ٥١٠٩م

س. أين تقع قمة راس داشن ؟

١) في أوغندة

٢) في اثيوبيا

٣) في زائير

جـ تقع في أثيوبيا في قارة افريقيا وارتفاعها ٤٦٢٠م

س٠ تقع قمة مرو ؟

١)   في كينيا

٢)   في زائير

٣)   في تنزانيا

جـ تقع في تنزانيا بقارة افريقيا وارتفاعها ٤٥٦٥م

س٠ أين تقع قمة الجبل الابيض (Mount White)؟

١)   بين سويسرا وايطاليا

٢)   بين فرنسا وايطاليا

٣)   بين سويسرا وفرنسا

جـ تقع بين فرنسا وايطاليا بقارة اوروبا وارتفاعها ٤٨٠٧م

س٠ أين تقع قمة مون روز ؟

١)   في سويسرا

٢)   في ايطاليا

٣)   بين سويسرا وايطاليا

جـ تقع بين سويسرا وايطاليا بقارة اوروبا وارتفاعها ٤٦٣٤م

س٠ أين تقع قمة دم ؟

١)   في فرنسا

٢)   في ايطاليا

٣)   في سويسرا

جـ تقع في سويسرا بقارة اوروبا وارتفاعها ٤٥٤٥م .

س٠ أين تقع قمة فايسهورن ؟

١)   في سويسرا

٢)   في ايطاليا

٣)   في اليونان

جـ تقع في سويسرا بقارة اوروبا وارتفاعها ٤٥٠٥م .

س٠ أين تقع قمة سيرفان ؟

١) في الهند

٢) في ايطاليا

٣) بين سويسرا وايطاليا

جـ تقع بين سويسرا وايطاليا بقارة اوروبا وارتفاعها ٤٤٧٨م

س٠ أين تقع قمة ماكنلي ؟

١) في الولايات المتحدة الامريكية

٢) في آلاسكا

٣) في كندا

جـ تقع في آلاسكا في امريكا الشمالية وارتفاعها ٦١٩٤م

س٠ أين تقع لوغان ؟

١) في فنزويلا

٢) في باراغواي

٣) في كندا

جـ تقع في كندا بقارة امريكا الشمالية وارتفاعها ٦٠٥٠م

س أين تقع قمة سانت إيلاس ؟

١) في البرازيل

٢) في الهند

٣) بين كندا والولايات المتحدة الامريكية

جـ تقع بين كندا والولايات المتحدة الامريكية بقارة امريكا الشمالية وارتفاعها ٥٤٨٩م

س٠ اين تقع قمة فوراكر ؟

١) في آلاسكا

٢) في كندا

٣)	في الاورغواي

جـ تقع في آلاسكا بقارة امريكا الشمالية وارتفاعها ٥٣٠٤م

س٠ أين تقع قمة لوكانيا ؟

١)	في كندا

٢)	في آلاسكا

٣)	في المكسيك

جـ تقع في آلاسكا بقارة امريكا الشمالية وارتفاعها ٥٢٢٦م

س٠ أين تقع قمة اكنكاغوا ؟

١)	في تشلي

٢)	في الارجنتين

٣)	في البيرو

جـ تقع في الارجنتين بقارة امريكا الجنوبية وارتفاعها ٦٩٦٠م

س٠ أين تقع قمة ايليماني ؟

١)	في باراغوي

٢)	في بوليفيا

٣)	في تشلي

جـ تقع في بوليفيا في قارة امريكا الجنوبية وارتفاعها ٦٨٨٢م

س٠ أين تقع قمة بونتي ؟

١)	في كولومبيا

٢)	في الأرجنتين

٣)	في البرازيل

جـ تقع في الأرجنتين بقارة امريكا الجنوبية وارتفاعها ٦٨٧٢م

س٠ أين تقع قمة سلادو ؟

١)	في البرازيل

٢)	في بوليفيا

(٣)   بين الارجنتين وتشلي

جـ تقع بين الارجنتين وتشلي بقارة امريكا الجنوبية وارتفاعها ٦٨٦٣م

س٠ أين تقع قمة توبنغاتو ؟

(١)   بين الارجنين وتشلي

(٢)   في البرازيل

(٣)   في بوليفيا

جـ تقع بين الارجنتين وتشلي بقارة امريكا الجنوبية وارتفاعها ٦٨٠٠م

س٠ أين تقع قمة نبكاك ؟

(١)   في الفلبين

(٢)   في أندونيسيا

(٣)   في اليابان

جـ تقع في اندونيسيا بقارة اسيا وارتفاعها ٥٠٢٩م

س٠ ماسم اعلى قمة في بلاد الشام ؟

(١)   جبل موسى

(٢)   القرنة السوداء

(٣)   جبل عامل

جـ اعلى قمة في بلاد الشام القرنة السوداء وارتفاعها ٣٠٨٨م

س٠ ماسم اعلى قمة في الوطن العربي ؟

(١)   اطلس التل

(٢)   اطلس الصحراء

(٣)   طوبقال

جـ أعلى قمة في الوطن العربي قمة طوبقال في المملكة المغربية .

س٠ أين تقع جبال الهمالايا ؟

(١)   في افريقيا

(٢)   في اسيا

(٣)   في استراليا

جـ تقع في قارة اسيا

فهرس

تم بحمد اللـه

T0149283

Printed in the United States
By Bookmasters